2026 다음 세대 목회 트렌드

세움북스는 기독교 가치관으로 교회와 성도를 건강하게 세우는 바른 책을 만들어 갑니다.

다음 세대 목회 트렌드
다음 세대 사역을 위한 대안적 지침서

초판 1쇄 인쇄 2025년 9월 20일
발행 2025년 9월 26일

지은이 | 김영한, 박호성, 백상원, 서상복, 손승우, 이상갑, 정석원, 천다니엘, 최새롬, 천한필
펴낸이 | 강인구

펴낸곳 | 세움북스
등 록 | 제2014-000144호
주 소 | 서울시 종로구 대학로 19 한국기독교회관 1010호
전 화 | 02-3144-3500
이메일 | holy-77@daum.net

교 정 | 이윤경
디자인 | 참디자인

ISBN 979-11-93996-59-1 (03230)

* 이 책은 신저작권법에 의하여 국내에서 보호를 받는 저작물입니다.
  출판사의 협의 없는 무단 전재와 무단 복제를 엄격히 금합니다.
* 책값은 뒤표지에 있습니다.
* 잘못된 책은 교환하여 드립니다.

2026

다음 세대 사역을 위한 대안적 지침서

다음 세대 목회 트렌드

김영한 박호성 백상원 서상복 손승우 이상갑 정석원 천다니엘 최새롬 천한필

세움북스

서문

> 이제는 '콜드 타임(Cold Time)'이다.
> '골든 타임(Golden Time)'으로 만들 수 있을까?

한국 교회 다음 세대 사역, 이대로는 희망이 없다.

현장에 대한 통합적인 이해와 냉철한 분석은 있다. 그러나 여전히 검증된 대안들이 턱없이 부족하다. 그나마 시도해 왔던 방법들도 다음 세대 사역에 큰 반향을 일으키지 못하고 있다. 이대로 가다가 우리는 교회에서 다음 세대를 더 이상 볼 수 없을 수도 있다. 영적으로 차가운 현실, 세속적 가치관, 이단 사이비 세력 앞에 속수무책으로 당할 수도 있다.

지금 이런 위기 속에 절실하게 필요한 사람은 '데스크 토커(desk talker)'가 아니라 '필드 워커(field walker)'이다. 말로만이 아니라, 발로 뛰고 일하는 사람, 이론으로만이 아니라 삶으로 증명해 가는 사람, 지금은 그런 숨은 실력자들이 필요하다. 현장을 밟지 않고, 한국 교회의 미래를 말할 수 없다.

'골든 타임'은 '토크(talk)'만으로 손에 쥐어지지 않는다. '워커(walker)', 즉 현장에서 몸부림치는 자들이 있어야 한다. 지금 한국 교회는 차가운 '콜드 타임'이다. 이런 시기에 말만 가지고 얼어붙은 교회와 다음 세대 부서를 회복시킬 수 있을까? 발로 뛰어야 한다. 다시 살아나도록 복음의 심폐소생술이 필요한 시기이다.

"우리 교회는 괜찮아!"
"우리 부서는 괜찮아!"

그렇게 자부할 수 있다.

그러나 평소 주 중에 얼어붙은 '단체 카톡창', '밴드', '홈페이지', '유튜브 채널'은 어떤가? 너무나 조용하다 못해 차디차다면, 그게 바로 얼어붙은 콜드 타임의 방증이다. 말로는 "우리 교회는 건강해요"라고 자부하지만, 실상은 '비참한 교회', '비참한 부서'일 수 있다.

이런 상황 가운데서 교회는 무엇을 해야 할까? 목회자는 무엇을 해야 할까? 부모는 무엇을 해야 할까? 이 책은 바로 그런 점을 다룬다.

작년 2025년에 『2025 다음 세대 목회 트렌드』 책을 7명의 현장 전문가들을 통해 출간했다. 이번 『2026 다음 세대 목회 트렌드』 책에서는 10명의 저자가 방향성을 제시한다. 단지 저자 인원만 늘어난 것이 아니다. 좀 더 구체적이고 검증된 사례들과 깊고 넓은 통찰을 반영한 현실적 대안들까지 소개하고 있다.

이번 『2026 다음 세대 목회 트렌드』는 다음 세대가 교회를 떠나는 이유에 대한 분석을 비롯하여, 여러 개인, 가정, 교회 회복, 대안, 대책을 제시하였다. 이외에도 건강 정신에 대한 성경적 접근과 목회적 대응을 소개하고 있다. 더 나아가, 신앙의 양육과 훈련에 대한 실제적 노하우도 상세히 설명하고 있다. 무엇보다, 다음 세대 사역에 대한 목회 리더십도 함께 고민하고자 공유하였다. 학원 복음화 인큐베이팅 전략과 모범 교회에 대한 사례도 소개하고, 자칫 우리가 간과할 수 있는 종교 가스라이팅의 심각성을 다루었다.

이 책은 단지 다음 세대들만을 위한 책이 아니다. 다음 세대 사역자들과 다음 세대 교사들을 위한 책이기도 하다. 어디 그뿐인가? 다음 세대가 행복한 신앙생활을 하도록 부모 세대를 가이드하는 책이기도 하다. 너 나아가 국내외 다음 세대 사역을 고민하는 모든 이들에게도 큰 유익과 도전을 주리라 믿는다.

교회가, 부서가 어느 방향으로 가야할 지 고민하고 있다면, 지금 이 책을 당장 펼쳐 읽어 보길 소망한다. 그리고 교회 섬김이, 부서 담당자들과 같이 고민해 보길 바란다. 다음 세대, 기회는 지나간 듯하다. 그러나 여전히 다음 세대 부흥을 위해 콜드 타임 때 골든 타임을 만들어 낼 교회들, 부서들이 있을 줄 믿는다.

2025년 7월 15일
다음 세대 목회 트렌드 저자 일동
(김영한, 박호성, 백상원, 서상복, 손승우, 이상갑, 정석원, 천다니엘, 최새롬, 천한필)

목차

서문 • 5
추천사 • 13

CHAPTER 1_
교회에 '콜드 타임(Cold Time)'이 오게 하는 3가지? • 23

1. 첫째, 공과 혹 설교 준비 요일은 언제 하고 있는가? • 26
2. 둘째, 심방은 한 주에 몇 명하고 있는가? • 30
3. 셋째, 소그룹 인도를 제대로 하고 있는가? • 38
4. 다음 세대를 품는 길, 그 진짜 사역의 자리 • 43

CHAPTER 2_
종교 가스라이팅의 불편한 진실, 나는 자유한가? • 45

1. 종교 가스라이팅, 지금도 고통에 빠져 있는 자들이 있다 • 46
2. 종교 가스라이팅, 정통 교회도 예외일 수 없다 • 52
3. 교회 안 감옥에서 새어 나오는 울분의 외침 :
   종교 가스라이팅의 사각지대 • 56
4. 닮은 듯 서로 다른 두 얼굴 -
   종교 가스라이팅과 이단의 결정적 차이 • 63
5. 종교 가스라이팅 피해, 실제적 대안이 필요하다 • 70

CHAPTER 3_
다음 세대 부서 어떻게 양육하고, 훈련해야 할까? • 77

1. Grow의 시작, 진단부터 • 80
2. 양육: 뿌리를 내리는 신앙 • 82
3. 훈련: 열매 맺는 삶의 실천 • 96

CHAPTER 4 _
건강하지 않은 경계성을 가진 사람들을 어떻게 대처해야 할까? · 109

1. 경계선 인격장애, 우리를 어둡게 덮고 있다 · 112
2. 경계선이 건강하지 못한 예가 우리와 주변에 많다 · 113
3. 경계선 인격장애를 성경적 시각으로 새롭게 보자 · 119
4. 건강한 경계선을 보이는 성경에 있는 방법 · 120
5. 경계선 인격장애 진단 기준 · 123
6. 경계선 인격장애, 어떤 특징이 있나? · 124
7. 경계선 인격장애 원인을 알면 해결 방법도 시원하게 보인다 · 129
8. 경계선 인격장애의 상담과 치료 · 131

CHAPTER 5 _
가정예배 : 새로운 TMI 시대를 맞이하라 · 143

1. TMI에 매몰된 다음 세대 · 144
2. 신앙생활의 맥거크 현상 · 147
3. 우문현답 : 우리의 문제는 현장에 답이 있다 · 150
4. 모세의 가정 : 가정예배에 목숨을 걸다 · 154
5. 가정예배 : 새로운 TMI 시대를 맞이하라 · 162
6. 가정예배의 영적 원리 : HOME · 165

CHAPTER 6 _
흔들리는 시대, 흔들리지 않는 신앙을 세우는 사역 전략 · 173

1. 소비자 영성 · 179
2. 신앙콘텐츠 과잉공급 · 181
3. 사역적 대안 · 183
4. 나는 느낀다, 고로 존재한다 · 188
5. 감정과 영성 · 192
6. 사역적 대안 · 195
7. 자존감 혼란 · 199
8. 자아 브랜딩의 압박 · 201
9. 가정의 붕괴와 돌봄의 부재 · 203
10. 사역적 대안 · 204
11. 복음, 그 길 위에 서다 · 206

CHAPTER 7 _
콜드 타임을 극복하는 목회 리더십을 세우는 사역 전략 · 211

1. 껍데기만 남았다 · 215
2. 다음 세대와 공유, 공감, 소통을 못한다 · 216
3. 리더십에 대한 기본기가 없다 · 217
4. 코칭과 멘토링을 받아 본 적이 없기 때문이다 · 218
5. 겸손하게 배우려 하지 않기 때문이다 · 219

CHAPTER 8 _
예배로 심고, 관계로 맺어라! · 237

1. 소망을 노래하는 교회 정우준 담임 목사 · 240
2. 경기중앙교회 이승훈 교육디렉터 목사 · 256

CHAPTER 9 _
콜드 타임 때 필요한 학원 복음화 인큐베이팅 운동 · 269

1. 학원 복음화 인큐베이팅이란? · 273
2. 학원 복음화 인큐베이팅을 지역 교회에 접목하는 과정 · 276
3. 기독교 동아리&기도 모임 매뉴얼 · 282
4. 학원 복음화 인큐베이팅을 접목한 교회 사례 · 284
5. 학원 복음화 인큐베이팅 사역자 양성 과정 · 287

에필로그 · 291

추천사

한국 교회 교회학교가 위기를 넘어 생존을 걱정하고 있는 '콜드 타임(Cold Time)' 시대 가운데서 정확한 상황 분석과 실제적인 대안 제시가 필요합니다. 이 책은 10명의 다음 세대 사역 현장 전문가가 교회학교의 현 상황을 객관적으로 분석하는 가운데 어떻게 하면 다음 세대를 살리고 세울 수 있는 목회를 할 수 있는지에 관한 구체적인 방향과 실천적인 전략을 제시해 주고 있습니다. 이 책을 읽으면 침체의 늪에 빠져 있는 한국 교회 교회학교가 회복하고 부흥할 수 있다는 놀라운 희망을 발견할 수 있을 것입니다. 다음 세대를 위한 목회를 하기 원하는 사역자뿐만 아니라, 다음 세대를 뜨겁게 사랑하며 살리기 원하는 모든 분에게 이 책을 강력하게 추천합니다.

김성중 교수 _ 장신대, 기독교교육리더십연구소 소장

홍수 때 마실 물이 없다는 말처럼 쏟아지는 정보와 책들 속에서 정말 사역 현장에서 필요한 책과 정보를 찾기가 매우 어렵습니다. 이런 가운데 『2026 다음 세대 목회 트렌드』 원고를 받고 단숨에 읽었습니다. 부제로 붙은 '다음 세대 사역을 위한 대안적 지침서'라는 말처럼 문제를 지적하는 데서 끝나지 않고, 실제적인 대안을 모색하고 제시하는 것이 매우 인상적입니다. 현 상황을 콜드 타임으로 진단하고, 종교 가스라이팅과 경계성 인격장애 문제 같은 불편한 주제를 다루며, SNS의 영향으로 소비자 영성에 빠져 있는 다음 세대를 깨우고 돌이키고자 하는 입체적인 접근 또한 신선합니다. 다음 세대를 섬기는 사역자들에게 많은 유익이 있을 거라 확신합니다.

▲ **김태구 목사** _ 학원 복음화협의회 상임대표

콜드 타임을 목회 현장에서 직접 몸으로 부딪치고 있는 목사로서 『2026 다음 세대 목회 트렌드』를 읽을 수 있다는 것은 분명 하나님의 은혜라고 확신합니다. 본서는 거시적 관점이면서도 미시적 관점으로 다음 세대 사역을 말하고 있습니다. 또 탄탄한 이론적 바탕 위에 실천적인 방안을 구체적으로 제시하고 있습니다. 현장에서 타는 목마름으로 다음 세대 부흥을 기도하는 모든 그리스도인들에게 이 책을 읽어 보기를 강력하게 추천한다.

▲ **김주원 교수** _ 주원교회 담임, 침신대 겸임교수

『2026 다음 세대 목회 트렌드』의 저자들은 듣기 좋은 말로 귀를 간지럽히기보다는 회개와 회복을 위한 불편한 진실을 현장의 목소리로 전하고 있습니다. 특별히 분별해야 하는 '종교적 가스라이팅'이라는 주제를 비롯하

여 다양한 현장감 있는 내용들이 이 책에 담겨 있습니다. 이 책을 펼쳐서 읽는 독자들은 한국 교회 안에 숨겨진 어둠의 민낯도 마주하게 될 것입니다. 그러나 동시에 분별의 지혜를 발견할 것입니다. "그리스도께서 우리를 자유롭게 하려고 자유를 주셨으니… 다시는 종의 멍에를 메지 말라"(갈 5:1)는 말씀처럼, 이 책은 다음 세대를 위해 진정한 회복과 자유로 나아가는 영적 이정표가 될 것입니다.

김용준 국제 변호사 _ 법무법인 KLF, 『우리 아이 꼭 지켜줄게』 저자

"너희는 나를 누구라 하느냐?"(마 16:15)라는 예수님의 질문에 베드로는 "주는 그리스도시요 살아 계신 하나님의 아들이시니이다"(마 16:16)라고 고백을 했습니다. 그 후 역사 속의 모든 신자와 교회는 같은 질문 앞에서 거듭 자세를 고쳐 잡곤 했습니다. 이것은 구원의 여정 속의 신자의 유익과 하나님의 영광과 나라를 위한 절대적인 내용이기 때문이었습니다.

그런데 오늘날 이단 사이비 단체로부터 오는 접근이 얼마나 진리를 교묘하게 조작하는지 한국 교회가 그 앞에서 기독교 근본 진리로부터 방황하며 무너지고 있습니다. 이 책에서는 바로 그러한 실체를 사악하기 그지없는 '가스라이팅(gaslighting)'이라고 폭로하고 있습니다. 이외에도 이 책에서는 다양한 주제들을 아주 현장감 있게 담고 있습니다. 그런 점에서 이 책은 매우 예리하며 요긴한 책이라고 생각됩니다. 무엇보다 우리 안에 깊이 침투해 있는 여러 피해 사례들과 문제점뿐만 아니라 어떻게 하면 가스라이팅의 피해들로부터 다음 세대 사역자들과 성도들을 보호하며 무장하여 다시 새 시대를 향하게 할 수 있는지에 대한 실제적인 대안들까지 제

시해 주고 있습니다. 이미 목회 현장에 계신 훌륭한 목회자들과 준비 중인 신학도들 그리고 진정 주의 영광을 위하여 분투하고 있는 모든 성도들이라면 꼭 옆에 두고 숙독하기를 진심으로 추천합니다.

🔲 **박삼열 목사** _ 인천송월교회 담임, 합신 증경총회장

저자들은 다음 세대를 향한 오늘 세대의 사역을 '완전히 식어 버린 말뿐인 사역'과 같다고 이야기합니다. 이러한 사역의 현실 속에서 저자들은 독자들에게 사랑과 관심의 마음을 품고 예배와 양육에 충실하면서도 돌봄과 회복이 있는 다음 세대 사역이 꼭 필요하다고 강조합니다. 이 책은 다음 세대를 위한 현재 사역에 대한 냉철한 분석과 미래 사역에 대한 명확한 방향성을 제시해 줍니다. 다음 세대를 향한 열정을 회복하고 책임을 다하고자 하는 뜨거운 마음을 품은 사역자, 교사, 부모들에게 이 책을 권합니다.

🔲 **함영주 교수** _ 총신대 기독교 교육학

이 책은 제목 그대로 '트렌드'를 다루되, 피상적인 유행 포착이 아니라 지금 교회가 실제로 마주한 민감한 이슈들을 정면으로 다루는, 진짜 "트렌디(trendy)"한 트렌드서입니다. 무엇보다 이 책의 가장 빛나는 지점은 '종교 가스라이팅'과 '경계선 인격장애'와 같이 기존의 목회 담론이 애써 외면했거나 다루기 어려워했던 주제들을 정면으로 마주한다는 점입니다. 또한 가정예배 재설계, 소그룹·심방의 기본기 점검을 넘어, 학교 현장과 지역 교회를 잇는 학원 복음화 인큐베이팅을 제시하여 교회-가정-학교의 생태계를 동시에 업데이트하도록 돕습니다. 이처럼 『2026 다음 세대 목회 트

렌드』는 단지 책상 앞에서 나온 이론이 아닌, 현장에서 땀 흘리는 '필드 워커'들의 생생한 목소리가 담겨 있기에 모든 문장이 살아 움직이는 듯합니다. 차가운 '콜드 타임'을 지나고 있는 한국 교회의 모든 목회자, 교사, 그리고 부모님들께 이 책이 가장 트렌디하고 가장 실제적인 나침반이 되어 줄 것을 확신하며 기쁜 마음으로 추천합니다.

🟣 **이수인 교수** _ 아신대 기독교 교육학 및 미디어학

『2026 다음 세대 목회 트렌드』는 저에게 "복음의 심폐소생술"과도 같았습니다. 말로만 다음 세대를 이야기하는 시대에, 이 책은 '데스크 토커'가 아닌 '필드 워커'의 언어로 말합니다. 현장에서, 매주, 매일, 다음 세대의 이름을 불러주며 울고 웃었던 사역자들의 생생한 고백과 실제적인 전략이 빽빽히 담겨 있습니다.

이 책은 단순히 트렌드를 분석하거나 새로운 이론을 소개하는 책이 아닙니다. 그것은 마치 다음 세대가 떠난 빈자리에 침묵하지 않고, 그 자리에 "존재 자체로 존귀하다"는 복음을 들려주고, 그 이름을 다시 호명하는 사역자의 헌신을 불러냅니다.

무엇보다 감동적인 것은 이 책이 '업무로서의 사역'을 넘어서 '삶으로 드리는 예배'의 언어를 사용하고 있다는 점입니다. 말이 아닌 눈물, 계획이 아닌 헌신, 시스템이 아닌 사람이 핵심이라는 진리를 다시 깨닫게 합니다.

다음 세대를 품는 것은 거창한 시스템 이전에, 주중에 "살아 있니?"라고 메시지를 보내는 일이고, 생일에 커피 한 잔을 건네는 손길이며, 무엇보다 그들을 위해 기도하고 기다리는 자리입니다. 그런 의미에서, 이 책은 지금

도 현장에서 고군분투하며 '콜드 타임'을 '골든 타임'으로 바꾸고자 하는 모든 교사, 사역자, 부모, 그리고 목회자들에게 꼭 필요한 책입니다.

다음 세대가 떠나고 있는 이유를 묻는 당신에게, 이 책은 조용하지만 분명한 대답을 줄 것입니다.

🙍 **이승수 목사** _ 나눔교회 청소년 담당

이 책은 복음이 단순한 가르침이나 이론 안에 갇혀 있을 수 없음을 보여줍니다. 이 책을 읽다 보면 우리는 지금 하고 있는 일과 꼭 해야만 하는 일의 차이에 대해 성찰하게 됩니다. 잇사갈 자손 200명은 때를 분간할 줄 알고 이스라엘이 행해야만 하는 일을 알았습니다(대상 12:32). 이들처럼 이 책에는 가정, 교회, 학교, 사람에 대한 냉철한 통찰이 담겨 있습니다. 또한 자신의 존재로 순종했던 이들의 여정이 고스란히 담겨 있습니다. 이들의 통찰과 순종이 만나 태어난 이 책은 창의적이고 구체적이고 성육신적입니다. 이는 마치 천지의 경계를 넘어 우리의 슬픔과 기쁨을 같이하심으로 보이지 않는 하나님을 우리의 오감으로 경험케 하신 주님의 사역과 닮았습니다. 세상을 더 깊이 사랑하고, 꼭 해야만 하는 일을 통해 구체적이고 창의적으로, 그리고 주님 닮은 모습으로 섬기고 싶은 이들에게 이 책을 마음 깊이 추천합니다.

🙍 **남경우 원장** _ 전 인니 선교사, 현 한국선교훈련원 gmtc 원장

대안 없이 쳇바퀴 도는 사역 현장에 지치셨다면, 이 책이 그 답이 되어 줄 것입니다. 다음 세대가 누구인지 깊이 이해하는 것에서 출발하여, '무엇을,

어떻게 할 것인가'에 대한 길을 선명하게 보여 줍니다. 현장에서 바로 적용할 수 있는 구체적인 교육 모델까지 풍성하게 담겨 있으니, 교사 및 사역자를 위한 실천적 지침서로 자신 있게 추천합니다.

이재영 교수 _ 실천신학대학원대학교 겸임교수, 영유아교회교육연구소 소장

연말이 다가오면 늘 기대되는 도서 중의 하나가 바로 『다음 세대 목회 트렌드』책입니다. 이 책에는 전문가라고 할 수 있는 다음 세대 베테랑 사역자들의 통찰이 담겨 있기 때문입니다. 이번 『2026 다음 세대 목회 트렌드』에도 다음 세대 아이들에서부터 교역자, 가정과 학교, 경계선 장애에 대한 이해에 까지 현장 사역을 위한 수많은 구체화된 제안들이 담겨 있습니다. 방향성과 담론에 대한 책이 아닙니다. 실천을 위한 액션 플랜을 만들 수 있는 책입니다. 사역 현장의 환경과 상황에 맞게 하나 하나 적용해 보시길 추천드립니다.

김대욱 대표 _ 넥스트교회교육원

이 책은 다음 세대가 교회를 떠난 이유를 '콜드 타임'으로 얼어붙은 예배당이라는 생생한 이미지로 직격합니다. 그 아픈 현실을 외면하지 않고, 왜 청년들이 교회를 등졌는지 냉철히 해부합니다.

그러나 진단에만 머물지 않습니다. 저자들은 회의실이 아닌 현장에서 땀 흘려 얻은 통찰로, 리더십 공백과 소통 단절, 멘토링 결핍을 뛰어넘을 코칭 로드맵을 제시합니다. 종교 가스라이팅 같은 어두운 그림자도 가감 없이 드러내어, 복음의 빛으로 치유받을 구체적인 길을 안내합니다.

더 나아가 교회와 가정이 손잡고 복음의 씨를 다시 뿌리자는 호소는, 절망 속에 희망의 숨결을 불어넣습니다. 아직 '골든 타임'은 남아 있습니다. 다음 세대를 품고자 하는 모든 목회자와 사역자께, 오늘 바로 이 책을 펴서 제시된 실천을 시작하시기 바랍니다. 여러분의 순종 속에서 하나님께서 반드시 새로운 세대를 일으키실 것입니다.

지현호 선교사 _ 올리브선교회 대표, 밤별선교회 공동대표

전국에 다음 세대 집회를 다니는데 가끔 신기한 장면을 목격합니다. 청소년부 수련회에서 교회의 청장년 성도님들이 시도 때도 없이 방문합니다. 수련회 장소가 교회에서 1~2시간 거리임에도 개의치 않습니다. 아이들의 먹거리를 바리바리 싸들고 방문합니다. 3박 4일 동안 아이들의 삼시세끼를 차려 주고, 저녁 집회 때는 아이들을 붙들고 간절히 기도하는 성도님들을 보는 것만으로도 마음이 뭉클합니다. 다음 세대를 살리는 일은 현세대의 몫입니다. 재정과 삶을 투입하지 않으면 불가능합니다. 가만히 생각해 보면, 우리도 이미 그런 사랑을 받았습니다. 그러니 자랑할 것도 없습니다. 잃어버린 자녀를 되찾으시려 이 땅에 오신 예수님처럼 다음 세대를 되찾으려 그들의 삶으로 뛰어들어야 합니다. 여기 다음 세대의 삶에 기꺼이 뛰어든 사람들의 이야기가 있습니다. 자신의 전문성으로 다음 세대를 사랑하려 몸부림쳤습니다. 그 과정 속에서 갈고닦인 노하우들이기에 사역의 현장에 바로 적용할 수 있습니다. 다음 세대를 더욱 사랑하기를 원하는 분들에게 일독을 권합니다.

서진교 목사 _ 작은예수선교회 대표, 『선한 사마리아인의 목적지』 저자

저는 30여 년 가까이 이단 문제 현장에서 기자로 활동하면서 이단 사이비 교주들을 '선구자'라고 불러왔습니다. '선구자'란 선천성 구제불능 자아도취 환자를 일컫는 말입니다. 자아도취 환자가 종교 지도자, 혹은 교회 리더가 되면 참으로 위험합니다. 성도들을 그리스도께로 인도해야 할 충성스러운 안내자가 돼야 하는데 오히려 자신의 성취욕을 채우기 위해 성도들의 에너지를 진공청소기처럼 빨아들이기 때문입니다. 이런 지도자가 과연 이단 사이비 집단에만 있을까요? 그렇지 않습니다. 정통 교회의 간판을 건 곳에서도 드물지 않게 나타납니다.

한국 교회의 '콜드 타임'은 이러한 경계성·비인격적 지도자들이 늘어나고, 그들에게 가스라이팅 당하면서도 그 사실조차 모른 채 살아온 무지한 성도들을 통해 앞당겨졌습니다. 그러나 동시에 '골드 타임'도 다가오고 있습니다. 성도들이 자신이 하나님의 형상으로 지음 받은 고귀한 존재이며, 이 땅에서 존귀하게 살도록 부르심 받은 하나님의 자녀임을 깨닫고, 하나님 앞에 담대히 나아갈 수 있는 제사장임을 자각할 때입니다. 이 책은 이를 위해 탁자가 아닌 현장에서 발로 뛰며 성도들을 깨우는 사역자와 성도들이 되도록 자극하는 지침서가 될 것이라 생각하며 기쁜 마음으로 추천합니다.

정윤석 기자_ 기독교포털뉴스 대표기자

CHAPTER 1

교회에 '콜드 타임 (ColdTime)'이 오게 하는 3가지?

핵심키워드
:
콜드 타임에서 골든 타임으로

콜드 타임에서 골든 타임으로

지금, 한국 교회는 조용히 무너지고 있다.

그리고 그 붕괴는 예배당 안 '다음 세대의 빈자리'로 가장 선명하게 드러난다. 다음 세대 사역이 어렵다는 말은 이제 진부하다. 정말 중요한 질문은 이것이다.

> "왜 그들은 떠나는가?"
> "무엇이 그들의 발걸음을 교회 밖으로 내몰았는가?"

2025년, 『2025 다음 세대 목회 트렌드』는 목회자들의 준비 부족과 현실 인식 결여를 날카롭게 지적했다. 그러나 문제는 단지 강단에만 있는 것이 아니다. 교회학교를 담당하는 사역자, 그리고 교사와 소그룹 리더들에게도 동일한 책임이 있다. 그들의 안일한 태도와 형식적인 섬김이 결국 다음 세대를 잃게 만든 것이다.

2000년대 이후 한국 교회는 가파른 쇠퇴의 길을 걸어왔다. 그 이유는 단순하지 않다. 그러나 근본에는 한 가지 사실이 자리한다. '선한 목자'보다 '삯꾼'이 더 많아졌다는 사실이다.

요한복음 10장에서 예수님은 선한 목자와 도둑, 강도, 이리의 대조를 말씀하신다. 그러나 그분이 마지막으로 언급하신 가장 두려운 존재는 '삯꾼'이었다. 삯꾼은 양을 돌보되, 책임지지 않는다. 양이 위험에 처하면 도망친다. 그리고 그 침묵의 무책임이, 다음 세대를 내어 주는 결정적 이유가 된다.

오늘날 교회 안에, 우리는 묻지 않을 수 없다.

 "우리 안에 삯꾼은 없는가?"
 "나는 다음 세대를 위해 진정 목자의 심장을 품고 있는가?"

이 글은 그 물음에 대한 고백이며, 동시에 도전이다. 필자는 교회학교를 섬기는 사역자와 교사들에게 단도직입적으로 3가지 질문을 던지고 싶다. 이 3가지 질문에 답하지 못한다면, 우리의 교회는 더 이상 '콜드 타임(Cold Time)'을 벗어나지 못할 것이다.

1. 첫째, 공과 혹 설교 준비 요일은 언제 하고 있는가?

지방에 내려가 금요 헌신 예배를 섬기게 되었다. 의전을 해 주시는 분이 맛집으로 안내해 주어 음식을 기다리면서 이런저런 이야기를 나누었다. 그러다가 젊은 목회자에게 약간 목회 코칭을 해주려고 질문 한 가지를 던져 보았다.

> "목사님, 청년부 설교를 위해 설교를 언제 준비하세요?"
>
> "아... 토요일 밤 혹 주일 새벽에 준비합니다."
>
> "아... 저도 예전 전도사 때 그렇게 했는데요. 그렇게 한다는 것은 설교를 준비하고 있지 않다는 것입니다. 생쌀을 지체들에게 먹이는 겁니다. 생쌀을 먹으면 배탈이 납니다."

젊은 목회자에게 필자가 했던 실수를 동일하게 범하지 않도록 설교 준비를 주일 밤 혹 월요일 점심 이전에 시작하라고 권면했다.

설교 준비는 언제 그리고 얼마나 해야 할까?

부산 영안교회 은퇴 목회자, 박정근 목사님이 하신 말씀이 필자의 기억에서 지워지지 않는다. 충북에서 목회자 세미나가 있을 때,

박정근 목사님은 고(故) 옥한흠 목사님을 만나 충격을 받았다고 했다. 자신도 설교 준비를 좀 하고, 설교에도 큰 문제가 없을 때, 옥한흠 목사님은 설교 준비를 위해 30시간을 사용한다고 하셨단다. 그 뒤 부산에 돌아와 교회 장로님들을 불러 자신이 설교에 더 전력을 다하기 위해 목양을 좀 같이 섬겨달라고 했다고 한다.

박정근 목사님과 옥한흠 목사님은 설교에 있어 빠지지 않는 스피커였다. 그런데도 설교에 상당한 시간을 할애했다. 그런데 우리는 어떻게 준비하고 있는가?

우리가 읽는 짧은 트위터, 인스타, 페이스북의 3분 이내에 읽을 수 있는 짧은 글은 한 사람의 3일 이상 삶의 노하우와 지식이 들어 있는 것이다. 그래서 우리가 계속해서 읽고, 인사이트를 얻는다. 한 사람의 책은 자신의 15년 이상 삶의 경험과 전문적 지식이 녹여져 있다. 그렇기에 우리가 구매해서 읽는 것이다.

30분 정도의 설교를 준비하려면 목회자들도 3시간이 아니라, 30시간 이상 메시지 전달을 위해 준비해야 한다. 매주 이렇게 많이 할 수 없을 수도 있다. 그러니 평상시 매일 말씀을 묵상하고, 연구해야 한다. 필자는 매일 독서를 하고 하루 1~2권의 책 서평을 페이스북과 블로그에 연재하고 있다. 올리기 위해 읽고, 읽기 때문에 올린다. 매일 말씀 묵상을 하고, 연구하고, 3천 명 이상 목회자들에게 무료로 성경 각 권을 나누어 주고 있다. 나누어 주기 위해 묵상하고, 연구하고, 묵상하고, 연구하기에 나누어 준다.

내 자랑을 하려고 하는 것이 아니라, 설교만을 위해 책을 읽고, 말씀을 묵상하고, 연구하라는 것이 아니다.

목회자들만 이렇게 준비해야 할까? 아니다. 소그룹을 인도하는 섬김이, 공과를 나누는 교사, 부서를 섬기는 섬김이도 고군분투해야 한다.

사실 대부분 10~30분 정도의 소그룹 시간을 제대로 준비하지 않는다. 인도하는 리더가 어디로, 어떤 방향성으로 나가야 할지 모른다. 이런 소그룹 모임은 시간 낭비다. 참석하는 다음 세대들이 더 잘 안다.

정말 소그룹을 위해 주일 밤 혹 주중 초반에 메시지를 준비하고 있는가?

목회자들도 그렇지만, 평신도로서 메시지를 전해야 하는 자는 더 준비를 일찍해야 한다. 그렇지 않으면 다음 세대 사역을 다 망친다.

자녀를 학원에 보낼 때, 인기 강사나 일타 강사에게 보낸다. 돈이 더 들어도 제대로 가르치는 강사에게, 좋은 학원에 보내려고 한다. 시간이 아깝지 않고, 돈이 아깝지 않기 때문이다. 그런데 교회는 어떤가? 교회는 다음 세대에게 제대로 메시지를 전달해 줄 메신저가 있는가? 목회자도 그냥 설교해야 하니까, 교사도 소그룹 리더도 그 시간이 주어졌으니까 그냥 10분, 20분, 30분 이상을 때우고 있지 않은가?

이런 공동체는 배에 구멍이 뚫린 것과 같다. 점차 배가 침몰하듯, 공동체는 무너진다. 잘되는 교회, 공동체, 소그룹을 보라. 제대로 된 메시지, 선명한 메시지를 전달하는 자가 있다. 메시지에 목숨 거는 메신저가 있다. 이런 메신저가 있을 때, 함께하는 자들은 변화되고 성숙하게 되며, 공동체는 자연스럽게 성장하게 된다.

예수님은 수많은 무리들이 몰려와 들을 정도로 메시지가 있었다. 그 무리들과 제자들에게 가야 할 방향성을 제시했다.

자! 다시 질문한다.

"나는 언제 설교 혹 공과나 소그룹 메시지를 준비하고 있는가?"
"제대로 준비하고 있는가?"

최소한 소그룹 나눔 말씀을 주중에 묵상하고, 연구해야 한다. 이

건 목회자도, 평신도도 예외가 아니다.

특별히 목회자는 해당 본문 관련 책 그리고 주석을 참고해야 한다. 이렇게 할 때, 청중은 그 설교에 귀를 기울인다. 받아 적는다. 정말 메시지가 제대로 준비되지 않으면, 청중의 귀에서 피가 흐를 수 있다. 예배 시간, 소그룹 시간이 시간 낭비라고 생각하게 된다. 교회는 정말 쓸데없이 사람을 붙잡는 단체가 된다.

2. 둘째, 심방은 한 주에 몇 명하고 있는가?

둘째, 메신저가 메시지를 주중에 준비하면서, 심방을 해야 한다.

왜 심방을 해야 할까?

목동은 양을 케어해야 한다. 단지 일주일에 한 번 양을 돌보지 않는다. 매일 케어한다. 우리가 정말 목양하려면 어떻게 해야 할까? 매일 돌봐야 한다. 이렇게 양을 돌볼 때, 메시지가 살아 있다. 양에게 필요한 메시지를 전하려고 크게 노력하지 않아도 양에게 필요한 말씀을 흘려보내게 된다. 메신저의 메시지가 다음 세대에게 통한다.

필자는 가장 무서운 교사를, '떡볶이' 교사라고 본다. 메시지를 나누어야 할 시간에 먹을 것을 주면서 시간을 보내는 교사가 되어서는 안 된다.

청년부를 섬길 때, 리더에게 소그룹 시간에 먹으러 다니거나 놀러 다니지 말라고 했다. 그러나 재미가 있기에, 소그룹 시간에 밖에 나가 맛집을 다니고, 근처 호수에 놀러 다닌 소그룹이 있었다. 그 소그룹에 문제가 생겼다. 리더가 실수한 것도 있었지만, 그 소그룹은 풍비박산이 났다. 정말 서로 죽이지 못해 난리였다. 왜 이 지경까지 이르렀을까? 메시지가 나누어지고, 서로 기도해야 할 시간에 충분히 그런 시간을 갖지 못했기 때문이었다.

이런 일이 교회 안에서 여전히 자행되고 있다. 목회자 및 소그룹 섬김이는 그 주어진 시간에 영적인 메시지를 주어야 한다. 뭔가 먹이고, 케어하는 것은 주중에 해야 한다. 주중에 해야 하는 것을 주말에 하고, 주말에 해야 할 것을 주중에 하려고 하지 않아야 한다. 공부 못하는 학생의 특징이 있다. 수학 시간에 영어를, 영어 시간에 수학을 공부하는 것이다. 목양을 잘 하려면 주말에 메시지를 전하고, 주중에 목양을 해야 한다.

주중 목양? 요즘 같이 바쁜 시기, 다음 세대가 우릴 만나 줄까?

'심방'하면 거창하다. 그러나 21세기, 다양하게 다음 세대를 만날 수 있다. 나는 오늘 청년부 중 한 명이 생일이라 메가커피 상품권을 선물로 보내 주었다. 그러자 "목사님, 이렇게 생일 기억해 주시고, 선물까지… 너무나 감사합니다. 수요 예배 때, 뵙겠습니다!"라고 바로 답장이 왔다. 다음 세대 목양을 할 때, 단체 톡은 금물이다. 물론 할 수 있다. 그러나 단체 톡을 MZ세대, 알파세대는 쓰레기로 취급할 수 있다. 수많은 단톡방에 메시지가 아무리 울려도 반응하지 않는다. 이미 알람은 무음 처리, 심지어 수신 차단을 해 두고 있는 경우도 있다. 아무리 올려도 읽지 않는다. 그런 메시지가 보통 500개, 1천 개가 넘는다. 그러나 다음 세대는 개인적으로 온 메시지가 아니면, 제대로 열어 보지 않는다. 그냥 한곳에 몰아 놓고 자신이 관심 가는 사람 것, 자신과 소통하는 사람 것을 선택적으로 읽고, 반응한다.

X세대, 베이비붐세대는 이런 게 이해가 안 된다. 어른이 보낸 메시지를 읽고 반응하지 않다니… 도저히 받아들일 수 없다. 그러나 요즘 세대(?) 지체들은 예전과 다르다. 다른 것을 다 틀린 것으로만 볼 수도 없는 실정이다. 그러나 우리가 어떻게 노력하는 것이 더 좋을까? 목회자들 그리고 섬김이들은 다음 세대는 '감성'보다 '갬성' 세대임을 지각해야 한다. 감성적인 부모 세대는 카톡을 보낼 때 길게 보낸다.

"하나님의 사랑으로 문안하는데, 하나님이 태초에 너를 지으시고

> 보호하심에 너무나 감사하다. 기도하는 가운데 네가 생각이 나고, 너를 하나님의 복의 통로로 너무나 귀하게 사용하실 것을 믿는단다. 요즘은 어떠니? 어떻게 지내니? 주중에 네가 어떻게 지낼지 너무나 궁금해서 연락을 했단다. 혹 너는 어떤 기도 제목이 있니? 요즘 크게 어려운 일은 없니?
> …
> 한 주 평안하렴."

읽어 보니 어떤가?

감성적인 메시지다. 너무나 세심하다. 그러나 다음 세대는 '갬성'의 세대다. 이렇게 길면 오히려 부담스러워한다. 직관적이어야 더 좋다. 갬성적 메시지는 어떻게 보내야 할까?

간단해야 한다.

> "살아 있니?"

이렇게 간단하게 물으면 된다.

이렇게 할 때, "오~ 재미난데!" 하며 반응할 수 있다. 짧게 짧게 반응하면서 대화를 해야 하는데, 일방적으로 마음을 표현하면 부담스러워한다. 선물을 주더라도 길게 말하고, 준 것에 관해 고마워하는 마음을 표현하도록 하는 게 다음 세대에게는 부담스러울 수 있다. 오히려 이렇게 말하는 게 좋다.

> "오다 주웠다."

이렇게 편하게 받고, 그냥 넘어가도록 하면 어떨까? 쿨한 섬김이가 될 때, 다음 세대는 더 마음을 연다.

다음 세대가 자신의 이름을 모른다는 장로님이나 권사님을 만나면 나는 이렇게 묻는다.

> "장로님, 권사님, 다음 세대 고기 한 번 사 준 적이 있나요?"

"아뇨"라는 답변을 듣는다. 그럴 때 이렇게 말한다.

> "다음 세대는 고기를 사 주면, 그런 장로님, 권사님 이름을 자신의 생명책에서 지우지 않습니다. 교회에서 지나갈 때, '저 장로님이, 저 권사님이 우리 고기 사 줬어' 평생 말하면서 그 사랑을 잊지 않습니다."

한 교회 담임 목사님이 안식 주간에 시간을 내어 달라고 해 서울

종로에서 만났다. 다음 세대 핵심 멤버들이 교회를 떠나고 있는데, 최근 정말 에이스 같은 다음 세대 리더가 교회를 떠나 충격을 먹었다고 했다. 그래서 물었다.

"목사님, 그렇게 중요하게 생각한 그 다음 세대 친구를 위해 밥 한 번 사 준 적 있으세요?"

"아뇨…."

정말 중요한 다음 세대에게 개인적으로 밥 한 번 사 준 적이 없다고 했다. 정말 큰 교회라면, 사람들이 너무나 많으니까 그럴 수 있다. 그러나 그렇게 규모가 크지 않은 교회에서 정말 핵심 멤버를 위해 그렇게 하지 못했다는 것은 문제일 수 있다.

다음 세대 섬김이, 교사 중 주일만 얼굴을 보지 주중에 만나 심방 혹 상담을 하는 사람들은 많지 않다. 예전 교사들은 자신의 집에 초대해 먹고 마셨다. 그런데 오늘날 교사들은 개인 프라이버시를 중요시해서 그런지 집에 초대하는 일도 없고, 주중 케어도 부족하다.

우리가 교회에 남아서 섬기고 있는 것은 교회 목회자의 메시지도 중요하지만, 메신저가 사랑으로 케어해 주었기 때문이다. 10년 전, 아니 1년 전 주일 목회사의 설교가 기억나는 사람이 있을까?

공과나 소그룹 내용이 기억나는 사람이 있을까? 없다. 그러나 그 목회자, 그 섬김이 삶에 감동을 주기에 우리가 여기까지 왔다. 울림이 있고, 우리가 어떻게 살아가야 할지 방향성이 잡혀 있는 것이다.

나는 중학교 때, 가난했다. 그때 교회학교 선생님이 자신의 집에 방 한 칸을 내어 주셨다. 나는 그때 그게 그리 대단한 것이라고 생각하지 못했지만 청소년을 자신의 집에 들여, 먹이고 생활하게 하는 것은 쉽지 않은 일이었다. 나는 그때 그 사랑을 몰랐다. 그러나 내가 목회자가 되고, 이렇게 책을 쓰고, 주요 자리에서 마이크를 잡게 된 것은 그 선생님의 섬김과 케어가 컸다. 지금 그 선생님은 평신도 선교사로 나가 계신다. 선교지에서 양을 키우고, 열매를 재배해 그 재정으로 선교사님들을 후원한다. 선교지 사람들을 고용해 주고, 양육하고 있다. 여전히 믿는 자가 어떻게 살아가야 할지 이정표가 되어 주고 계시다.

목회자 그리고 교사는 주말에 메시지만 전할 것이 아니라 주중 케어가 필요하다. 그런 케어는 카톡으로, 문자로, 전화 심방으로도 가능하다. 물론, 직접 만나 맛난 것을 사 주면 더욱 효과적이다. 루터(Luther)는 "지갑을 열지 않는 자는 진정 회개한 것이 아니다"라고 했다. 목회자 그리고 교사가 자신의 지갑을 열지 않고, 교회 재정으로만 섬기려고 해서는 안 된다. 부담스럽다. 어렵다. 그렇기 때문에 진정 메신저가 되는 것이다. 개는 주인의 손을 물지 않는다고 한다. 마찬가지다. 자신을 축복해 주는 목회자, 교사를 다음 세대는 배신하지 않는다.

교회학교에서 부장의 역할은 무엇일까?

부장은 목회자와 협력하며, 다음 세대 교사들을 챙겨야 한다. 수요일 정도에 공과 준비를 하고 있는지 체크해야 한다. 카톡방에 잘 지내고 있는지, 기도 제목은 없는지 챙겨야 한다. 잘되는 교회는 교사 카톡방이 뜨겁다. 그러나 잘되지 않는 교회 교사 카톡방은 아무런 알람이 없다. 너무나 고요하다. 그러나 이렇게 되어서는 안 된다. 주중 수요일 정도에 부장은 공과는 준비하고 있는지 체크하고, 교사들은 반응해야 한다. 교사들은 목, 금요일에 주중 담당하는 친구들이 잘 있는지 보고해야 한다. 기도 제목을 나누어야 한다. 최소한 토요일 오전 정도까지 아무런 소식이 없으면, 부장은 혹 주일에 빠지게 되는 사람은 없는지 물어야 한다. 주일 당일에 누가 안 왔는데, 왜 안 왔는지 체크가 되지 않고 그제야 연락하는 것은 결국 출석 체크 연락밖에 되지 않는다. 이런 전화, 문자, 카톡은 다음 세대도 달가워하지 않는다.

우리는 다음 세대를 양육하고, 사육하지 않아야 한다. 그러려면 관심을 가져야 한다. 수말에만 챙기는 것이 아니라 주중에도 사랑의 마음으로 돌봐야 한다. 주님은 선한 목자로 자신의 생명을 내어 주셨다. 우리도 선한 목동으로 우리의 시간과 재정을 쏟아야 한다. 각 교회에 진정 주중에 목양하는 목회자와 교사가 있다면, 그 공동체는 부흥하지 않을 수 없다.

3. 셋째, 소그룹 인도를 제대로 하고 있는가?

목회자와 교사들도 계속해서 배워야 한다.

가르치는 자가 성숙해 갈 때, 배우는 자들도 성숙해 간다. 사람이 한 단계 업그레이드하는 것은 쉽지 않다. 그냥 시간만 지나면 될 것 같지만 생각처럼 되지 않는다. 나는 탁구를 좋아한다. 탁구 시합에 나가 수많은 사람들을 이기고, 1~4등이 되어야 부수가 주어진다. 공식 시합에 나가 다 이기니, 5부 부수가 주어졌다. 그런데 5부에서 4부가 되기까지는 더 많은 시간과 노력이 필요하다. 한 단계 업그레이드하는 데는 상당한 전략과 땀이 요구된다.

목회자, 교사들은 어떻게 소그룹을 제대로 한 단계 업그레이드할 수 있을까?

두 가지를 습득하면 좋다. 게임을 하는 사람들은 아이템을 장착한다. 아이템을 장착하는 데 돈이 들기도 한다. 돈을 사용하지 않으면, 상당한 시간을 투자(?)해서 아이템을 얻어야 한다. 이를 위해 밤을 새기도 한다. 목회자도, 교사도 마찬가지다. 다음 세대 설교, 소그룹 인도를 위해 하브루타(Chavruta) 그리고 코칭 아이템을 장착해야 한다.

하브루타의 핵심은 무엇인가?

하브루타는 '하베르(Chaver)'라는 단어에서 유래했다. 친구 사이에 질문을 하고, 답을 하는 것이다. 이는 질문법을 통해 이미 암송한 성경이 무엇을 의미하는지 찾아내는 것이다. 소그룹 시간에 대부분 교사들은 친구들이 단답형으로 대답하고, 제대로 말을 하지 않는다고 한다. 그러나 친구들끼리 대화하는 것을 보라! 정말 재미나게 대화한다. 끊임없이 웃고, 신나한다.

그렇다면 다음 세대를 섬기는 자는 어떻게 대화를 이끌어 가야 할까? 소그룹 시간에 던질 질문을 구상해야 한다. 한두 가지 질문이 아니라, 서브 질문들을 생각해 놓아야 한다. 무엇보다 선생님이 다 대화를 주도해서는 안 된다. 참석하는 친구들이 더 말하도록 대화의 주도권을 넘겨야 한다.

운동으로 예를 들면, 공을 많이 갖고 골을 넣은 사람은 재미를 느낀다. 그런데 운동장에서 공을 패스받지도, 골을 넣어 본 적도 없는 사람은 시시하다. 시간 낭비 같다. 소그룹 시간에 교사가 목회자처럼 다시 설교를 해서는 안 된다. 긴 설명, 지루한 메시지를 반복해서는 안 된다. 좀 더 친구들 생각을 말하도록 해야 한다. 단답형으로 답을 하는 것은 클로징 질문, 예 혹은 아니오로 대답을 유도하는 질문을 던지기 때문이다. 그런 질문보다는 오픈 질문, 개인적 의견을 말하는 질문을 던져야 한다. 한 번에 다 말하게 하기보다는 서브 질문들을 계속 던져서 대화로 이끌어 주어야 한다. 마치 우물물에 마중물을 넣고 펌프질을 하다 보면, 흙탕물이 나오다가 조금 뒤 맑은 물이 나오듯 마중물이 되는 서브 질문들을 계속 던져야 한다. 그러다 흙탕물 같은 대답이, 조금 만족스럽지 못한 말을 하다가 나중에 마음속 깊이 있는 내용을 터뜨려 나오게 해야 한다.

하브루타는 질문 중심의 소그룹 인도다. 그러나 단순 질문을 던지는 것을 넘어 코칭적 요소가 필요하다. 코칭의 두 기둥은 질문과 경청이다. 대부분 질문을 던지기에 급급하고, 잘 듣지 않는다. 계속 질문만 하려고 한다. 그러나 질문에 답할 때, "아, 그것을 말하는 것이구나" 하면서 들은 내용을 정리하고, 이렇게 경청한 뒤 다시 질문을 던져 주어야 한다. 그러다가 미래에 어떻게 살아야 할지 방향성을 잡아 주어야 한다.

상담은 과거 내용이 현재에 어떤 영향을 주었는지 체크하고, 현재 문제를 진단해 주고, 해결해 주는 것이다. 반면, 코칭은 과거와 현재를 살펴보고, 미래에 어떻게 살아야 할지 방향성을 잡아 주는 것이다. 오늘 그리고 내일 좀 더 구체적으로 무엇을 해야 할지 실천 가능한 것을 구상하도록 하고, 실제 하고 있는지 지속적으로 점검해 주는 것이다.

다음 세대에게 체크해야 할 3가지 키워드

중독
우울
상처

우리가 다음 세대를 온전히 세우기 위해서는 내가 담당하고 있는 다음 세대가 중독, 우울, 상처의 늪에 빠져 있지는 않는지 살펴야 한다. 스마트폰이 있는 다음 세대는 중독에 빠질 확률이 상당히 높다. 뉴스에서는 청소년 스마트폰 중독자를 5명 중 1명으로 본다. 그러나 실제로는 5명 중 5명이라고 할 정도로 손에 핸드폰이 주어지면, 중독에 빠지게 된다. 단순 미디어 중독뿐만 아니라, 도박, 마약, 관계, 성, 게임 등 다양한 중독에 빠지게 된다.

한 교회에 다음 세대 중독 세미나를 위해 갔다. 중독 체크리스트를 작성하게 했는데 깜짝 놀랐다. 교회 학교 교사들 중 상당수가 청년들이었는데, 중독자들이 대부분이었다. 다음 세대를 위해 중독에 관한 메시지를 나누려고 했다가, 교사들을 위해서도 중독의 위험성과 대안과 해법을 나누었다.

이 시대 인스타, 틱톡, 페북, 트위터 등 소셜 네트워크에 접속되는 순간 우울감이 상승된다. 『인스타 브레인』(Instar Brain)이라는 책은 소셜 네트워크에 접속된 자가 어떻게 우울감에 빠지게 되는지 적나라하게 알려 주고 있다. 이 시대 다음 세대는 부모와 비교되고, 시대적으로 암울한 가운데 우울감이 더해지고 있다. 사람은 인정과 사랑의 탱크가 채워져야 한다. 그런데 요즘 다음 세대는 가정에서, 학교에서 이런 인정과 사랑의 탱크가 채워지고 있지 않다. 그렇다면 어디에서 이런 탱크를 채워야 할까? 바로, 교회다. 교회학교다. 공동체 안에 들어온 다음 세대를 그냥 품어 주어야 한다.

부모에게, 학교 선생님에게, 친구에게 상처받은 다음 세대가 교회 안에서 그냥 품겨져야 한다. 나는 다음 세대 섬김이들이 조금 일찍 와서 기도하고, 다음 세대를 기다렸다가 환대해 주어야 한다고 본다. 탕자의 아버지가 멀리서 방황하던 아들이 돌아오는 것을 보고 달려가 품어 주었듯, 이 시대 우리는 다음 세대가 교회 문을 들어오는 순간 달려가서 반갑게 맞이해 주어야 한다.

교회에 교사 기도회가 있는가?

교사들이 일찍 와서 다음 세대 친구들을 환대해 주고 있는가?

다음 세대 친구들이 교회에 왔을 때, 성적이나 성공에 관해 논하기보다 그냥

"너 자체로 존귀해."
"넌 하나님의 걸작품이야!"

이렇게 말해 주면 어떨까?

4. 다음 세대를 품는 길, 그 진짜 사역의 자리

'다음 세대 사역'은 단순한 업무 수행이 아니다. 이는 준비된 메시지를 전하고, 주중에는 돌보며, 진심 어린 대화를 통해 영혼을 성장시키는 '삶의 사역'이다. 강단에서 선포되는 설교가 사역의 시작이라면, 그 설교가 '구체적인 삶'으로 이어질 때 목양은 비로소 완성된다.

오늘날 많은 교회가 다음 세대 부흥을 꿈꾸지만, 실제로는 메시지가 준비되지 않거나, 주중의 돌봄과 교제가 부재한 경우가 많다. 단체 채팅으로는 MZ세대의 마음을 얻기 어렵고, 일방적인 가르침은 상처받은 영혼에 닿지 못한다. 다음 세대는 짧지만 진심 어

린 메시지, 그리고 의미 있는 관계를 통해 반응한다.

소그룹은 단순한 일회성 프로그램이 아니다. 그것은 영혼과 영혼이 만나는 '작은 예배의 자리'이며, 말씀을 실천으로 옮기는 현장이다. 이 자리에서 교사는 질문하고, 기다리고, 때로는 눈물 흘리며 함께 걸어야 한다. 말보다 삶으로 증언하고, 권위보다 사랑으로 품는 자세가 요구된다.

"너 자체로 존귀하다."

이 단순한 한마디가 무너진 자존감을 세우고, 상처 입은 영혼을 일깨운다. 그리고 그 한마디는 단순한 감성이 아니라, 메신저의 매일의 기도와 관심에서 비롯된다.

이제 다시, 사역자는 스스로에게 물어야 한다.

"나는 다음 세대를 품기 위해 오늘 무엇을 준비하고 있는가?"
"오늘 나는 누구에게 다가가고 있는가?"

다음 세대를 향한 사역은 교실에서 시작되지만, 삶에서 완성된다. 그 진짜 사역의 자리는, 오늘 내가 품고, 기다리고, 축복하는 바로 그 순간이다.

CHAPTER 2

종교 가스라이팅의 불편한 진실, 나는 자유한가?

핵심키워드

：

골드 타임 궁 가스라이팅 가속화

콜 드 타 임 중 가 스 라 이 팅 가 속 화

1. 종교 가스라이팅, 지금도 고통에 빠져 있는 자들이 있다

자기 불신
자신의 판단, 생각, 감정까지 신뢰하지 못하게 됩니다.

권위 의존
교회 내 권위자의 말과 지시에 절대적으로 의존하게 됩니다.

문제의 내면화
지금의 어려움은 "네 믿음이 부족한 탓, 하나님께 순종하지 않아서 발생한 문제"와 같은 말로 인해 모든 문제의 원인을 자신에게서 찾도록 강요받습니다.

침묵의 강요
문제 제기 자체가 '불순종'으로 가스라이팅하여, 불편함과 고통을 표현한 용기를 잃어버립니다.

서서히 진행
오랜 시간에 걸쳐 서서히 진행되어, 처음에는 작은 불편함으로 시작하지만 점차 무기력과 우울감으로 심화됩니다.

- 제공 : 바른길벗 이단상담연구소

위의 도표 내용들이 지금 우리가 속한 교회 안에도 있는가?

만일 그렇다면, 안타깝지만 지금 당신도 종교 가스라이팅과 무관하지 않다는 방증이다.

> "에이, 설마…"
> "내가 속한 교회가 조금 문제점들은 있지만… 그래도 가스라이팅은 없어요."

정말인가? 자신할 수 있는가?

대다수 신자들은 자신이 속한 교회를 대체로 건전한 공동체로 생각힌다. 세상의 차가운 시선과 경쟁에서 벗어난 곳이길 기대한다.

존중받을 수 있고 사랑받을 수 있는 공간으로 소망한다.

그러나 현실은? 슬프게도 이상적인 교회의 모습과는 거리가 멀다. 아니 문제가 조금 있어도 괜찮다. 그런데 너무 성경의 원리에서 벗어난 교회들이 많다. 이단 교리까지는 아니어도 교인들을 세뇌하듯 강압하는 교주 비스무리한 목회자들이 한두 명이 아니다.

표면적으로는 신앙과 믿음의 명분을 앞세운다. 하지만 교인들 가운데 보이지 않는 상처들을 가진 사람들이 여기저기 존재한다. 그럼에도 많은 피해자들은 그 상처들을 숨기며 살아간다. 더욱 심각한 것은 자신이 어떤 피해를 겪었는지 인지하지 못한다는 것이다.

왜 그럴까? 자신도 자신의 판단과 생각, 감정까지 신뢰하지 못하는 지경에 처했기 때문이지는 않을까?

교회라는 공동체인데도 교인들은 권위자의 말과 지시에 절대적으로 의존한다. 피해자 자신에게 모든 문제의 원인을 찾도록 끊임없이 강요받는다. 이런 분위기에 서서히 길들여지면 어떻게 될까? 권위자의 통제 안에서 나오기 어려워진다.

"지금의 어려움은 네가 믿음이 부족해서인 거야."
"당신이 하나님께 순종하지 않아서 이런 문제가 발생한 거야."

얼핏 들으면, 경건한 권면과 조언처럼 느껴진다. 그러나 이런 가르침들은 사람의 자존감과 존재 자체를 부정하게 만든다. 폭력적인 메시지에 불과하다. 권위자가 자신을 신의 대리인처럼 내세우며 성도들에게 무조건적인 복종과 순종을 강요한다. 그런 구조 속에서 가스라이팅의 피해는 더욱 심각해진다.

피해자들은 자신이 느끼는 불편함과 고통을 표현할 용기조차 잃어버린다. 문제를 제기하는 것조차 불순종이라고 배웠을 뿐이다. 죄책감과 수치심에서 벗어나기 어렵다. 스스로를 탓하며 침묵하거나 숨어버릴 뿐이다.

종교 가스라이팅의 피해를 왜 쉽게 발견하기 어려울까?

오랜 시간에 걸쳐 서서히 진행되기 때문이다. 피해자들조차 자신의 피해를 인식하는 데 어려움이 있다. 처음에는 작은 불편함과 불만으로 시작할 수 있다. 겉으로는 정상적인 것처럼 느껴지기도 한다. 하지만 시간이 가면서 점점 무기력과 우울감에 빠져든다. 권위자의 강압적 언행과 지시를 반복적으로 들으면서 자신도 모르게 본인의 판단과 감정을 억누르는 습관을 형성한다. 결국 깊이 곪아 터지고 나서야 가스라이팅 피해의 심각성을 호소하는 경우가 많다.

"목회자는 하나님의 음성을 듣는 사람으로 믿었습니다."
"무조건 그분의 말씀은 옳을 것으로 생각하고 따랐습니다."
…

"하지만 시간이 지날수록 점점 혼란스러워졌습니다. 정신적으로 너무 큰 고통을 겪게 되었습니다."

피해자들은 대부분 자기 스스로를 끊임없이 자책한다. 주변 사람들에게도 자신의 고통을 쉽게 털어놓지 못한다. 사람들의 시선을 의식한다. 사람들이 자신을 교회 분란의 원인으로 오해하는 것을 극도로 힘들어한다. 하나님께 버림받거나 심판받을 것을 너무나 두려워한다. 자신의 기존 공동체에서 소외되거나 배척될 것도 걱정한다. 그래서 그냥 편하게 침묵으로 일관하는 경우도 많다. 물론 정신적 혼란과 고통은 내면으로 더 깊이 뻗어 간다.

피해자들은 가해자의 말과 행동을 정당화하는 것에 익숙하다. 이것이 바로 가스라이팅의 함정에 깊이 빠져든 방증이다.

"이 모든 것이 다 내 탓이다."

이것이 피해자들 내면에서 사그라들지 않는 자책의 소리이다. 들리지 않는 내면의 자책으로 조금씩 자존감이 무너진다. 그러면서도 권위자에게는 더욱 맹목적으로 복종한다.

더욱 가슴 아픈 현실은 주변 사람들의 반응이다. 피해자들의 호소에 공감하지 못하거나 오해하기도 한다. 심지어 비난하기도 한다.

"믿음이 부족해서 그런 것 아니냐?"
"너만 그런 건데, 왜 교회를 탓하나?"

이러한 뼈 때리는 소리들은 피해자들을 더욱 깊은 고립과 절망 속으로 몰아넣는다. 결국 누구에게도 이해받지 못한 채, 조용히 혼자 고통을 견디기 일쑤이다. 타인에 대한 신뢰도 무너진다. 무엇보다 하나님과의 관계도 심각하게 왜곡되기도 한다.

"우리도 정상적으로 살고 싶어요"

종교 가스라이팅 피해자들은 회복될 수 있을까?

물론 회복될 수 있다. 다만 자신이 받은 상처를 먼저 인정하는 분위기가 형성되어야 한다. 그리고 우선되어야 하는 전제가 있는데 자신이 피해자임을 명확히 인식해야 한다. 주변의 도움을 받아야 하고 객관적인 시각을 가져야 한다. 자신이 겪은 일이 가스라이팅의 피해임을 인지해야 한다. 이를 위해서 여러 전문가의 도움을 다각적으로 제공받아야 한다.

교회와 공동체의 역할도 매우 중요하다. 실제적인 대안에 대해서는 '마지막 5번'에서 다루도록 하고, 여기에서는 차치하려 한다. 다만 교회 지도자들의 관심이 중요하다는 점을 강조하고자 한다. 사역의 시급성만을 앞세우지 않아야 한다. 의도적이든 우발적이었든 가스라이팅의 피해는 발생할 수 있다. 교회는 이 일에 대해 적극적으로 대처해야 한다. 무엇보다 교회 지도자들의 인식과 태도가 근본적으로 변화해야 한다. 피해자들의 이야기에 진지하게 경청하는 자세가 필요하다. 다 이해할 수 없을 수 있다. 그럼에도 이해하고, 알아보려 관심을 가져야 한다. 그런 분위기를 만들어야 한다. 때로는 피해자들의 목소리를 대신해서 외쳐야 한다. 피해 상황을 알리는 데 힘써야 한다. 이러한 용기 있는 첫 걸음은 종교 가스라이팅의 가속을 멈추게 하는 가장 강력한 힘이 된다.

2. 종교 가스라이팅, 정통 교회도 예외일 수 없다

가스라이팅 피해가 이단 집단에서만 주로 발생하는 것처럼 오해하는 사람들도 있다. 그러나 정통 교회도 가스라이팅 피해에서 자유롭지 않다. 왜 그럴까? 미묘한 형태의 가스라이팅일지라도 대다수 교인들은 쉽게 알아차리지 못하기 때문이다.

교회 목회자의 말과 지시가 하나님의 말씀과 동일시되는 분위기를 가정해 보라. 아니 최소한 그 정도에 준하는 권위를 주장한다고 가정해 보자. 그런 구조 속에 익숙해진 사람들은 어떤 반응을 보일까? 자신의 입장과 생각을 자유롭게 표현할 수 있을까? 목사의 요구에 거절할 수 있을까? 쉽지 않다. 이것은 예절과 별개 문제다.

어떤 교회 목회자는 성도의 신앙과 일상까지 지나치게 세부적으로 통제한다고도 한다.

"이것이 하나님께서 원하시는 일입니다."
"내가 기도하고 결정한 일이니 그대로 따라야 합니다."

이런 말은 분명 위험할 수 있다. 이런 구조가 지속되면, 성도들은 점차 자신의 판단과 생각을 신뢰하지 못하고 목회자의 결정에만 절대적으로 의존하기 쉽다. 정통 교회 안에서의 가스라이팅 피해는 목회자의 지나친 권위주의와 연관된다. 공동체 전체 분위기와도 무관하지 않다.

만일 '영적 권위'라는 이름으로 교회 안에서 강요되는 분위기가 형성된다면 어떨까? 그것은 결국 통제와 압박으로 이어질 수밖에 없다. 이런 구조가 정상적인 신앙생활로 인식되는 순간, 공동체 전체는 가스라이팅의 심각한 위험에 빠지게 된다.

경기도의 A교회에서는 개인의 신앙생활과 관련된 사적인 정보까지 지나치게 공유한다고 한다. 그것들을 담임 목사가 직접 관리한다는 것이다. 이것은 단순히 성도들의 프라이버시를 침해하는 문제에서 그치지 않는다. 신앙 훈련을 빙자하지만 강력한 통제를 반영한다. 만일 교인 중 누군가 그 교회를 떠난다면, 죄책감을 느낄 수밖에 없다. 떠난 사람이나 남아 있는 사람이나 서로 그렇게 생각할 것이다.

충주의 B교회는 젊은 세대에 더 심각한 영향을 끼친다고 제보를 받았다. 정통 교회라고 하면서 올바른 교리와 전통을 지키는 것을 명분으로 삼아, 세대 간 갈등을 부추긴다는 것이다. 젊은 세대의 의견과 생각을 배척하기도 한다. 결국 그 교회의 젊은 세대들은 그 교회를 떠나고 싶어 한다. 하지만 교회 내에서는 정작 조용히 침묵하는 이들이 많다. 가스라이팅 피해를 겪으면서도 그 안에서 도망갈 수가 없는 것이다.

정통 교회들 속에서조차 종교 가스라이팅 피해가 발생하는 원인은 무엇일까? 신앙을 도구 삼아 성도들을 통제하려는 목적이 앞서기 때문인 듯 싶다. 이런 현상은 교회 성장이 굳이 목적이 아닐 수도 있다. 표면적으로는 신앙 교육과 훈련을 명분으로 앞세우지만 결국에는 리더의 지도와 통제를 따르게 한다.

성경에도 '순종'이라는 개념은 존재한다. 하지만 그 의미가 왜곡되면, 맹목적인 복종으로 변질되기도 한다. 성경에서 가르치는 '순종'은 개인의 인격과 자율성을 무시하는 것이 아니다. 피차 서로 존중하는 성령 충만한 모습으로 드러나는 것이야말로 우리가 배우고 가르쳐야 할 순종의 모습이다(엡 5:18).

그런데 정통 교회들 중에서도 가스라이팅이 암암리에 발생한다는 것이 문제이다. 도대체 어디에서부터 손을 대야 할지 심각하게 고민할 수밖에 없다. 무엇보다 그 문제에 해당하는 교회로부터의 거센 저항과 반발을 예상해야 한다. 내부 정보를 제보한 당사자부터 그 교회 안에서 견디기 어려운 저항과 배척을 당할 수 있다. 아울러 그런 상황에 대해 교회 대다수 성도들은 관망하거나 침묵하기 쉽다. 전문가들이 문제 제기를 하거나 해당 소속 교단에서 지도를 하려고 해도 극구 부인하거나 변명하려는 자세를 취할 수도 있다.

'가스라이팅 내로남불', 지금 우리 주변 교회들 중에서도 이미 시작되었을 수 있다. 지금 내가 속한 교회는 어떠한가? 불편한 진실을 마주할 용기가 있는가?

3. 교회 안 감옥에서 새어 나오는 울분의 외침 :
   종교 가스라이팅의 사각지대

어느 한 교인 분을 알고 지냈었다. 그분은 정상적인 교회에 출석하며 신앙생활하는 걸로 알고 있었다. 그런데 의도치 않게 그분의 고충을 들었다. 일종의 내부자 고발이었는데 충격 아닌 충격을 받았다. 사실 내부자의 폭로나 제보가 있지 않으면, 어떤 교회 내부 상황도 쉽게 파악하기 어렵다.

이단 상담을 진행하다 보면 예상치 못한 상황을 마주할 때가 있는데 필자 역시 이단 상담인 줄 알고 내담자의 이야기를 들으면서 뭔가 더 큰 문제가 있음을 직감할 때가 있었다. 그것은 바로 해당 교회 목사나 일부 사역자의 심각한 도덕적 문제였다. 피해자는 자신이 겪은 피해를 호소하며 이단 상담을 요청했다. 하지만 필자가 상담을 할수록 느끼는 것은 교리적 문제보다는 윤리적 일탈이나 가스라이팅 피해가 생각보다 심각하다는 것이었다.

교리적으로는 문제가 없는 경우도 있었다. 그러나 내담자의 피해 상황 속에서 분명히 가스라이팅의 요소가 발견되기도 했다. 이런 미묘하고 복잡한 상황을 접할 때마다 필자는 참으로 곤혹스럽다. 내담자가 잘 이해하도록 설명하는 것이 결코 만만치 않기 때문이다.

종교 가스라이팅은 사람의 심리를 교묘하게 이용한다. 거부할 수 없는 권위로 상대의 생각과 행동을 지속적으로 조종하고 통제하는 것이 핵심이다. 이 과정에서 피해자는 자신도 모르게 가해자에게 절대적으로 의존한다.

이러한 프레임에 갇히면, 피해자는 어떠한 죄책감과 수치심조차 온전히 자신의 탓으로 떠안는다. 어떤 상황이든 결국 자신이 잘못했다는 결론으로 마무리된다. 이 과정에서 자존감은 걷잡을 수 없이 추락한다. 스스로 생각하고 판단하는 힘과 생동감은 점차 메말라간다. 결국 주체적인 의지력은 사라지고 오직 권위자의 말에만 맹목적으로 따를 뿐이다.

더욱 교묘한 것은 피해자의 신앙심을 이용한다는 점이다.

"하나님의 뜻", "영적 성숙", "신앙 훈련" 등.

뭔가 신앙적으로 반드시 있어야 할 것 같은 표현들을 사용하기에 피해자의 양심은 자극받을 수밖에 없다.

가스라이팅 굴레에 갇힌 피해자는 자신의 신앙을 증명해야 한다는 강한 압박에 시달린다. 권위자는 피해자의 신앙 부족을 빌미로 끊임없이 책망하고, 정죄한다. 이런 상황에서도 피해자는 권위자에게 감히 맞설 엄두를 못 낸다. 대신 자신의 신앙심을 증명하기 위해 더욱 헌신하고 맹목적으로 복종하려 한다.

권위자의 또 다른 검은 손, '집단 따돌림'
교회 안에서 강력한 카리스마를 가진 목사는 자신의 목적을 위해 교인들에게 '보이지 않는 압력'을 가한다. 이는 '집단 따돌림'을 이용하는 방식이다.

공동체 내에서 권위자의 의견이나 지시에 반대하는 이가 나타나면, 권위자를 비롯한 중간 리더들은 나머지 구성원들을 철저히 교육한다. 그리고 반기를 든 그 한 사람을 교묘하게 소외시킨다.

'집단적 비난'과 '교육적 명분'을 앞세우면, 정죄의 발언 수위를 높여도 큰 반발이 없다. 오히려 그 사람의 이름을 공개하면, 단결력이 높아지는 역설적인 현상이 나타난다. 결국 그 개인은 자신의 반대 입장을 철회하고, 권위자의 지시와 명령에 순응한다. 이러한 광경을 목도한 대중은 더욱 철저히 권위자에게 잘 보이기 위해 애쓸 수밖에 없다. 가해자든 피해자든 이미 종교 가스라이팅의 효과에 잠식당한 대표적인 현상이라 해도 과언이 아니다.

"목사님에게 한 번 찍히면, 끝장이다."

교회 안에 이러한 무언의 메시지가 이미 그 교회를 압도한 셈이다.

권위자들은 종종 자신의 메시지가 신성하고 절대적이라는 이미지를 조성한다. 자신의 의견과 생각을 하나님의 말씀과 동일시하기도 한다. 또는 하나님 말씀의 권위에 근접한 존재처럼 분위기를 만들기도 한다.

더욱 교묘한 것은 본인 스스로 직접 나서지 않는다는 것이다. 주위 측근들을 통해 그러한 구조를 조성해 가는데 대다수 교인들은 전혀 눈치채지 못한다. 어떠한 의문이나 반대적 입장을 제기하는 것은 거의 불가능하다.

가스라이팅 과정에서 권위자는 피해자가 가진 신앙적, 정서적 의존성을 극대화한다. 피해자가 독립적으로 생각하거나 행동하지 못하도록 합법적 명분을 앞세워 통제한다.

궁극적으로 피해자의 삶 전반이 권위자의 손아귀에 놓인다. 만일 이러한 구조에 피해자가 저항한다면, 권위자는 여러 명분을 근거로 핵심 추종자들을 앞세운다. 그들은 그 피해자를 '문제 있는 사람'으로 몰아가면 그만이다. 억울하고 화가 나도 아무런 대처를 할 수가 없다.

가스라이팅은 반복적이고 지속적이다. 피해가 누적될수록, 피해자는 자신의 현실조차 극도의 불안과 긴장으로 받아들인다. 그러나 권위자로부터 학습된 메시지들은 이미 피해자의 삶 속에 자연스럽게 내면화되어 있다.

이것은 참으로 서글프고, 분노할 수밖에 없는 현실이다. 하지만 그 숨겨진 판도라의 상자를 열어 보일 용기가 없다. 책임질 주체는 선명하지 않다. 그냥 혼자서 끙끙거리며, 조용히 묻어 둔 채로 숨어 버릴 뿐이다.

가스라이팅 피해자는 자신의 경험과 감정을 제대로 표현하지 못하는 특징이 있다. 일반적으로 가스라이팅 피해는 권위자로부터 '지속적인 학습'을 받으면서 생겨난다. 그 프레임에 걸려들면, 그때부터 피해자는 자신의 의견이나 표현을 당당하게 드러내기 어렵다.

이로 인해 피해자는 자신의 생각이나 감정을 스스로 의심하고 억압한다. 오직 권위자의 판단과 지시에만 의존할 뿐이다. 좋고 싫고의 문제가 아니다. 이러한 구조 속에서 지시받는 것에 익숙해진다.

외부에서 볼 때는 그저 벗어나면 될 일처럼 쉽게 생각할 수 있다. 그러나 종교 가스라이팅 피해는 육체만이 아니라 정신적 요소도 무시할 수 없다. 한번 세뇌당하면, 스스로 그곳에서 벗어나기는 어렵다. 아니, 벗어나려고 해도 벗어나기 어렵게 설계되어 있다.

자신이 가스라이팅의 희생자라는 사실을 인지하는 것도 쉽지 않다. 설령 인지했더라도 그것을 드러내는 것은 더욱 어렵다. 자신의 신앙 기반 자체가 흔들릴 수 있기 때문이다.

이러한 불편한 진실 앞에 피해자들은 스스로 직면하기를 두려워한다. 무의식적으로 회피하려 한다. 필자는 피해자들에게서 가끔 놀라운 점을 발견한다. 처음 보는 사람들 앞에서도 너무나 활발하고 적극적인 자세를 취한다는 것이다. 예리하고 민감하게 분석하지 않으면, 일반적으로는 그 피해자가 정말 가스라이팅 피해를 겪고 있는 줄 전혀 눈치채기 어렵다.

종교 가스라이팅의 피해는 한국 교회 여러 사각지대 속에서 지금도 작동하고 있다. 어디에선가 말 못 할 고통에 신음하고 있을 것이다. 그동안 내가 수시로 마주치고 대화하며 교제하였던 그 사람일 수도 있다.

이 글을 읽고 있는 당신, 어쩌면 당신이 지금 그 가스라이팅의 가해자일 수도 있다. 이 글을 읽으면서 마음에 뭔가 찔리는 게 있었나? 당신으로 인해 한국 교회가 점점 얼어붙고 있는 '콜드 타임'의 터널을 지나가는 것은 아닌가?

혹시 '이 글이 왜 다 내 얘기 같지?' 이런 생각을 하고 있는가? 그렇다면 바로 당신이 그동안 종교 가스라이팅의 피해자였던 것이다.

무덤덤하게 반응하던 우리의 관심을 조금 더 세심하게 다듬어야 할 때이다. 무조건 열정과 열심을 가지고서 앞만 보고 달려가려고 하지 말자. 사역의 화려한 열매로도 종교 가스라이팅의 불편한 진실을 덮을 수는 없다.

오히려 차분해져야 한다. 냉철해야 하고, 조금 더 객관적이어야 한다.

우리 교회, 주변의 교회들.
내가 만나고 교류하는 그 목사님과 사모님.
그 간사님, 그 전도사님, 그 성도님, 그 청년, 그 교회 학생.

그들은 이미 나에게 도움의 손짓을 보내왔을지도 모른다.

그동안 나 또한 얼어붙어 있는 한국 교회의 '콜드 타임'의 원인에 무감각해진 것일 수 있다. 다시 차분히 한국 교회 사각지대 속에 울부짖는 자들의 목소리에 귀 기울여 보자.

그리고 피해 당사자들은 지금이라도 용기를 내어야 한다. 누구도

돕지 않을 것이라는 좌절감에 사로잡히지 말고, 이 책을 읽으며 다시금 일어나야 한다.

4. 닮은 듯 서로 다른 두 얼굴 - 종교 가스라이팅과 이단의 결정적 차이

말씀이라 믿었을 뿐인데, 왜 나는 어느새 무너져 있을까?
이 질문이 공감이 되는가?

어쩌면 그 사람이 종교 가스라이팅 피해자일 수 있다. '이단 집단'은 기본적으로 가스라이팅을 장착하고 있다. 그러나 심각한 문제는 소위 신학적으로 건전하다고 알려진 주요 교단에 속한 일부 교회들 중에서도 종교 가스라이팅이 발생한다는 것이다.

외부에서 볼 때 그 교회는 크게 문제가 없어 보일 수 있다. 설교에서도 큰 문제점을 못 찾을 수 있다. 왜냐하면 보이지 않는 사각지대에서 가스라이팅이 발생하기 때문이다. 피해자가 있고 피해자의 주장도 있는데, 피해 증거는 쉽게 확보하기 어렵다. 그래서 난감하다.

상담 사례 : 드러나지 않는 고통

장로교 K교회 유초등부 이○○ 전도사 상담 사례 :

"교회에 출석하면서 그저 신앙 교육을 열심히 받았을 뿐이다. 교회를 너무 사랑하고, 교회에서 봉사하는 것이 너무 좋아서 신학도 하고, 사역자로서의 길도 걸었다. 그런데 나에게 남은 것은 아무것도 없었다. 이제는 장로님들도 무섭고, 목사님도 무섭다. 분명 정상적인 주요 교단에 속한 교회인데… 나만 점점 메말라가는 듯하다. 사역을 위한 기계처럼."

장로교(과거 감리교 소속) A교회 안○○ 목사 상담 사례 :

"목사님의 위세를 무시할 수 없었다. 그분은 감리사로서 막강한 영향력을 끼쳤다. 그분에게 찍히면, 교회 개척은 물론 교단 안에서 제대로 활동하는 것은 불가능했다. 교회 개척을 위해 위원회 목사님들에게 준비해야 할 비용도 만만치 않았다. 결국 나는 신대원 동기들까지 있는 교단을 등지고, 타 교단으로 옮길 수밖에 없었다."

익명으로 소개한 앞선 일부 상담 사례들이 한국 교회의 보편 상황인 듯 단정할 수는 없을 것이다. 그러나 부정할 수 없는 불편한 진실은 있다. 건전한 교단 소속의 일부 교회에서도 얼마든지 교묘한 방식의 가스라이팅이 존재한다는 것이다.

피해자들의 제보 없이는 의혹만 제기될 뿐이다. 그래서 교단 차원의 공식적인 대처가 쉽지 않다. 하지만 시간이 흐를수록 가스라이팅 피해는 더욱 심각해질 것이다.

네이버 국어 사전에 검색해 보면, '가스라이팅'에 대한 의미를 다음과 같이 설명하고 있다.

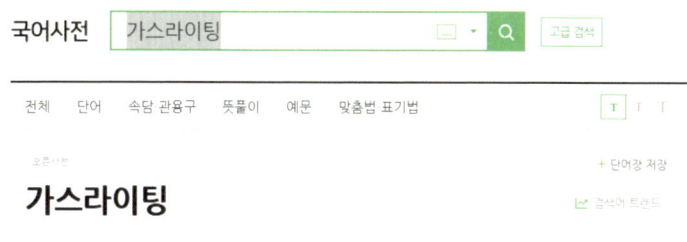

'가스라이팅'이라는 단어는 과연 어떤 배경에서 나온 것일까?

탁지일 교수에 의하면, 이 단어는 1944년 영화 〈가스라이트(Gaslight)〉에서 등장한 것이다.[01] 이 영화에 나오는 한 남자는 여성의 재산을 노리고서 거짓말과 속임수로 그 여인을 속여 결혼에 성

---

01 탁지일, 「가스라이팅 이단」, 신, 21.

공하였다. 그리고 점차 그녀는 그 남자의 악의적인 조작에 의해 심리적으로 그 남자에게 지배당하며 종국에는 파멸해 간다는 내용이다. 왜냐하면 그녀는 그 남자에 의해서 현실과 상상을 구분하지 못하고, 거짓을 진실로, 진실을 거짓으로 받아들이는 데 익숙해져 갔기 때문이다. 바로 이러한 현상을 우리는 '가스라이팅'이라고 표현하고 있는 것이다.

일반 사회에서 회자되는 '열정 페이(熱情Pay)'라는 용어가 바로 종교 가스라이팅과 비슷한 맥락을 가진다. 위키백과에 따르면 '열정 페이'는 대략 2011년 말부터 사용된 것으로 보인다.

위키백과
우리 모두의 백과사전

Q 위키백과 검색   검색

사용자:NZ 토끼들에 대한 관리자 선거가 2025년 4월 8일 (화) 08:37까지 진행됩니다.

열정페이
문서 토론   읽기 편집 역사 보기 도구

위키백과, 우리 모두의 백과사전.

열정페이(熱情Pay)는 "하고 싶은 일을 하게 해 줬다는 구실로 청년 구직자에게 보수를 제대로 지급하지 않는다"[1]는 것을 의미하며, 주로 대기업 인턴이나 방송, 예 · 체능계에서 많이 나타난다. **좋아하는 일을 하는 사람에게는 돈을 적게 줘도 된다는 관념**[2]으로 기업이나 기관에서 "일하는 것 자체가 경험이니 적은 월급(혹은 무급)을 받아도 불만 가지지 마라, 너 아니어도 할 사람 많다"라는 태도를 보일 때 이를 비꼬는 말이다. 이 말에는 기성세대가 젊은이들의 노동력을 착취하는 구조로 치달은 사회 분위기에 대한 냉소가 담겼다.[3][4][5][6]

유래 [편집]

'열정페이'란 단어의 **정확한 유래는 불명확**하지만, 2011년 말부터 인터넷을 중심으로 쓰이던 단어라는 정황은 확인할 수 있다. 2011년 4월 한윤형 등이 쓴 '열정은 어떻게 노동이 되는가'에서 노동의 대가를 제대로 받지 못하는 '열정 노동'(熱情勞動)의 사례를 설명한 바 있다.

오늘날 심각한 문제는 자신이 교회 안에서 종교 가스라이팅을 당하고 있으면서도, 스스로 피해자인 줄 인지하지 못하는 경우가 많다는 것이다. 게다가 자신이 속한 교회는 분명 정상적인 교회라고 굳게 믿고 있는 것이다.

더욱 심각한 상황은 자신에게 가스라이팅을 가하는 가해자가 외부적으로는 꽤 영향력 있는 사역자일 경우이다. 이런 구조 속에서 피해자들은 더욱 자신의 피해 사실을 인지하기 어렵다. 설사 인지했더라도 어디에도 쉽게 털어놓지 못한다. 이러한 점은 분명 이단 사이비 집단의 교주에게 피해를 겪는 현상과도 유사하다.

과연 당신은 지금 종교 가스라이팅 피해자인가? 아래의 5가지 질문에 진솔하게 답해 보면 어느 정도 예측할 수 있다.

① 교회 사역 전반에 관해 의문이 생기거나 질문하는 것조차 자유롭지 못한가?

② 리더의 말은 단지 나의 생각과 다른 정도가 아니더라도 그냥 무조건 따라야만 하는가?

③ 상식과 생각을 중요하게 여기면 뭔가 내 믿음이 약한 것으로 몰아가는가?

④ 이 교회를 떠나 봤자 마치 앞으로 잘 살 수 없을 것처럼 은연중에 협박하는가?

⑤ 교회의 문제에 대해 사역자들이나 직분자들의 책임으로만 치부하는 분위기인가?

만일 위의 5가지 질문에 대해 모두 "Yes"라고 답했다면, 지금 당신은 종교 가스라이팅 피해자일 가능성이 높다. 더 자세한 점검을 위해 해당 챕터 맨 뒤에 '셀프 점검 10가지 질문'을 소개해 두었다. 스스로 한번 차분하게 점검해 보기 바란다.

장로교회를 실례로 들어보자. 장로교회에는 '당회'가 있다. 공동의회도 있다. 교회마다 분위기가 다르지만, 일부 장로교회의 교인들은 '당회'의 결정 자체를 신뢰하지 않는 경우가 많다. 이는 목회자와 교인 사이에 소통이 원활하지 않다는 의미이기도 하다.

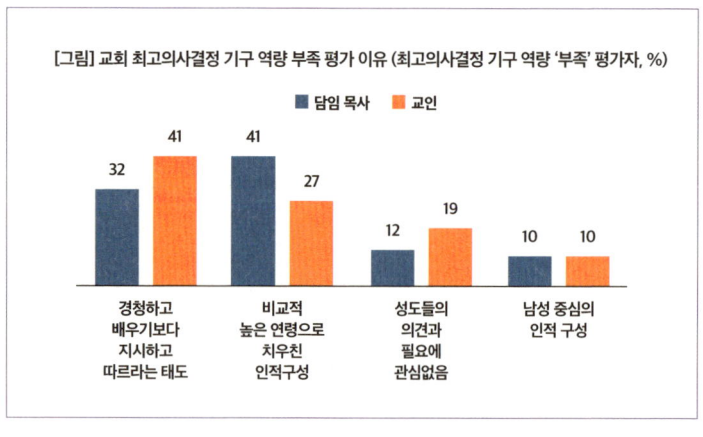

[기독교 통계(260호) - 교회 의사소통에 대한 조사(출처 : 목회데이터연구소)]

일반적인 보통의 건전한 주요 교단 교회들도 언어의 리더십이 부족한 경우가 많다. 이런 상황에서 종교 가스라이팅 피해 사례는 좀처럼 쉽게 드러나기 어렵다. 그 양상은 이단 사이비 집단의 가스라이팅 피해와 크게 다르지 않아 보인다.

그러나 본질은 다르다. 이단은 '본질적'으로 성경을 왜곡한다. 반면에 보편 교회는 본질적으로 성경을 심하게 왜곡하지 않는다. 그런데도 가스라이팅 피해는 얼마든지 발생할 수 있다.

담임 목사 및 장로들의 권위적 갈등, 권위주의적인 교회 문화, 무례하고 강압적이며 일방적인 설교 스타일 등을 통해 얼마든지 가스라이팅의 피해는 다양하게 발생할 수 있다. 어쩌면 이단 사이비 단체에 빠져 있는 사람들은 그 안에 있는 동안은 힘들어도 스스로 즐겁게, 또는 확신을 가지고 임하는 경우가 많다. 그러나 종교 가스라이팅 피해자들은 정상적인 보편 교회를 다니면서도 피해를 겪기 때문에, 그 안에서조차 점점 피폐해져 갈 수 있다.

지금 우리 교회에 진짜 복음이 왕 노릇 하고 있는가?

참된 복음은 자유케 한다(요 8:32; 고후 3:17). 사람을 억압하거나 억누르지 않는다(마 11:28-30; 갈 5:1). 참된 복음은 죄와 사망의 법에서 해방케 하는 능력을 지닌다(롬 8:2; 눅 19:10). 참된 복음은 '간섭과 통제'가 아니라 '생명의 능력'을 드러낸다(요 10:10; 롬 1:16).

5. 종교 가스라이팅 피해, 실제적 대안이 필요하다

신앙을 위해, 교회를 위한다는 명목으로 더 이상 강요받기 싫다

교회에서 열심히 훈련받고, 신앙생활을 할수록 오히려 가정과 일상조차 유지하기 어렵다면, 지금 뭔가 잘못되고 있는 것이다.

권위에 대한 순종이 무조건 틀리다고 말할 수는 없다. 질서를 따르는 것 자체가 문제 된다고 단정하기는 어렵다. 다만, 일부 몰지각한 소수의 목사들과 교회 중직자들이 자신들의 탐욕을 위해 신앙 훈련의 이름으로 사람들을 가스라이팅한다. 표면적으로는 아무런 문제가 없어 보이기에 결국 피해 당사자들이 먼저 용기내지 않고서는 쉽게 발각되지 않는다.

차라리 이단성 의혹이 있거나 이단 조사 대상인 교회 및 목회자들은 어느 정도 분별의 명확성이 생긴다. 하지만 표면적으로 이단과 관련성도 없고, 정상적인 교단에 속한 교회 간판을 내건 목회자의 가스라이팅 가해는 모호하다. 누군가 자신은 그 유명 목회자에게 가스라이팅 피해를 겪었다고 말하더라도, 사람들이 공감해 주려 하지 않을 수 있다.

더욱 힘든 것은 그 피해자들이 용기를 내어 누군가에게 자신의 가스라이팅 피해 사실을 알려도, 가해자로 지목된 당사자가 교계에서 영향력이 있고, 유명한 지도자로 알려진 구조 속에서는 피해자의 목소리에 선뜻 나서려는 언론, 단체, 전문가들을 찾아보기 쉽지 않다는 것이다.

여전히 지속되는 '교회 속 종교 가스라이팅' 피해, 어떻게 대응해야 할까?

크게 3가지 실전 꿀팁을 제시한다.

1) 종교 가스라이팅, 예방부터 시작하라
이단 문제도 선제적으로 예방 교육하듯, '교회 내 가스라이팅' 문제도 예방 교육부터 시작해야 한다. 무엇보다 담임 목사를 비롯한 중직자들부터 겸허히 경청해야 한다.

나 자신이 혹여 다른 사람들을 가스라이팅하는 가해자 역할을 하고 있었던 것은 아닌지 예방 교육을 통해 진지하게 살펴보아야 한다. 변명이나 외면, 회피로 그 심각성을 덮을 수는 없다.

시간문제일 뿐, 언젠가는 그 심각성이 터질 것이다. 그리고 자신이 지금 가해자인지, 피해자인지조차 인지하지 못할 수도 있다. 그래서 예방 교육은 사건이 터지고 나서가 아니라 아무런 문제가 없어 보일 때부터 지속적으로 이어가는 게 좋다.

교회에서 진행 가능한 예방 교육 내용 :

ⓐ 언어의 리더십

ⓑ 교회 속에서도 나타나는 이단의 그림자, 종교 가스라이팅

ⓒ 권위주의와 참된 권위의 기준

ⓓ 가스라이팅이냐? 신앙 훈련이냐? 그것이 알고 싶다

ⓔ 친절함 속에 숨겨진 가스라이팅의 덫

ⓕ 일반은총의 풍성함, 일상 속의 빛된 삶

(제공 : 바른길벗 이단상담연구소)

2) 피해 상황에 대한 구체적 증거와 진술을 정리하여 제보하라

자신이 교회에서 가스라이팅 피해를 겪고 있다는 것을 인지하더라도 대다수의 사람들은 그냥 조용히 그 교회에서 나오려는 경우가 많다. 왜냐하면 자신의 피해 사실을 누군가에게 꺼내 보았자 제대로 된 해결책을 기대하기 어렵기 때문이다. 게다가 정확한 증거 자료나 일관된 내용을 진술하는 것도 쉽지 않다. 이런 상황에서 쉽게 내부 폭로를 하기도 어렵다.

가장 중요한 것은 자신이 지금 가스라이팅을 겪고 있다는 정확한 증거 자료부터 차분하게 수집하는 것이다. 그냥 혼자만의 주장이

되어서는 아무런 도움을 받기 어렵다. 아무리 억울하고 화가 나는 감정이 폭발할 것 같아도 교회, 언론, 교단, 단체, 법원조차 그것만으로는 주목하지 않는다.

3) 주저말고 '이중 상담'을 병행하라

이중 상담? 그것을 병행한다? 무슨 의미일까?

우선 자신이 현재 처한 상황이 과연 종교 가스라이팅의 피해가 맞는지 최소한의 확인과 점검부터 필요하다. 단순히 자신의 현재 상황에 대한 불만이나 애로사항들만을 앞세우는 것으로는 충분치 않다. 오히려 더욱 난처한 상황을 맞이할 수도 있다.

그렇다면 과연 내가 종교 가스라이팅 피해자인지를 어떻게 점검할 수 있을까? 여러 가지 점검 기준들이 있을 것이다. 필자는 여기에서 최소한의 기본적인 '자가 검진 질문'을 소개하고자 한다.

아래의 10가지 셀프 점검 질문들에 대해 스스로 한번 답해 보라. 가벼운 마음으로 각 질문 항목에 대해 본인이 생각하는 점수에 체크하기 바란다.

No	질문 항목	0점	1점	2점	3점	4점	5점
1	내 생각이나 감정을 교회에서 표현하면 "믿음이 약하다"거나 "신앙이 어리다"라는 핀잔을 듣는다.						
2	교회 리더(목회자, 장로 등)의 말에 의문을 제기하거나 독대하기가 주저된다.						
3	"권위에 절대 순종 안 하면 저주받거나 심판받는다"는 소리를 다양한 루트로 듣는다.						
4	나에게 현실적 문제가 생기면 "결국 다 나의 신앙에 문제가 있기 때문이다"라는 반응을 듣는다.						
5	교회 봉사의 헌신과 섬김을 항상 우선하도록 강요받는다.						
6	설교에서 항상 복종과 헌신만 강조되고, 나의 일상은 완전히 무시된다.						
7	교회에 대해 조금만 문제 제기하여도 '마귀의 시험'이라고 꾸짖는 분위기이다.						
8	"이 교회를 떠나면 하나님의 보호를 못 받을 뿐만 아니라 결국 심각한 어려움을 겪게 될 것이다"라는 소리를 수시로 듣는다.						
9	교회 봉사에 최우선할수록 교회 밖 일상은 점점 피폐해진다.						
10	나를 향한 하나님의 사랑보다 하나님의 진노와 심판 때문에 더 불안하다.						
	점수 합계						

- 제공 : 바른길벗 이단상담연구소

질문에 대한 점수 범위가 낮을수록 건강한 신앙에 속한 교회이다. 만일 각 질문에 대해 31점부터 50점에 해당하는 사람이 있다면, 놀라지 마라. 당신은 지금 종교 가스라이팅 피해의 고위험 상태이다. 그동안 얼마나 힘들었을지…. 이제라도 용기를 내어야 한다. 이런 상황에서는 그다음 단계인 전문가 상담을 즉시 받아야 한다.

시기를 늦추지 말고, 모든 일정을 뒤로하고서라도 꼭 '일반 상담'과 함께 '교리 반증' 상담까지 받아 보기를 강력히 권면한다.

CHAPTER 3

다음 세대 부서 어떻게 양육하고, 훈련해야 할까?

핵심키워드
:
콜드 타임 대안: 양육과 훈련의 레벨업으로

콜드 타월 대안: 양육과 훈련의 레벨업으로

다음 세대 부서 어떻게 양육하고, 훈련해야 할까?

교회의 다음 세대 사역에서 '양육'과 '훈련'은 결코 선택이 아니다. 필수다. 양육과 훈련의 차이는 무엇인가? 양육이 나무를 심고 뿌리를 내리게 하는 과정이라면, 훈련은 그 나무가 열매 맺도록 가지치고 방향을 잡아 주는 과정이다. 다시 말해, 양육은 신앙의 뿌리를 내리는 기초공사이고, 훈련은 그 위에 삶을 세워 가는 건축의 여정이다.

문제는 많은 사역 현장에서 이 두 축이 불균형하게 작동하고 있다는 것이다. 양육 없이 훈련만 지속되면, 내면이 준비되지 않은 채 외적인 사역에 몰두하다가 지치거나 위선에 빠질 위험이 커진다. 반대로 훈련 없이 양육만 계속된다면, 신앙은 자라지만 실제 삶에서는 복음을 살아 내지 못하고 멈춰 버릴 수 있다.

그러기에 오늘의 교회는 다음 세대를 위해 양육과 훈련을 하나의 흐름으로 연결하고, 균형 있게 세워 가는 전략이 필요하다. 단지 '말씀 많이 아는 신앙인'을 길러 내는 것이 아니라, 삶의 자리에서 복음을 실천하며 살아가는 제자로 자라나도록 돕는 것이 우리의 진짜 목표이다.

에베소서 4장 15절은 이렇게 말한다.

> "사랑 안에서 참된 것을 하여 범사에 그에게까지 자랄지라."

이 말씀은 다음 세대 사역이 단순한 프로그램이나 이벤트가 아니라, 한 사람의 인격과 삶 전반을 말씀으로 빚어가는 거룩한 여정임을 분명히 보여 준다.

이 여정 가운데 양육을 통해 건강하게 뿌리내리고, 훈련을 통해 열매 맺는 삶으로 나아가도록 돕는 실천적 전략이 절실히 필요하다. 이제는 그 균형을 다시 점검하고, 더 나은 방향으로 재정비할 때이다.

이번 장에서는 이론적인 담론보다, 현장에서 바로 적용할 수 있는 실천 원리와 실제 사례를 중심으로 다루고자 한다. 다음 세대 사역을 준비하거나 담당하고 있는 여러분에게, 이 글이 현장의 갈증을 채워 주고, 사역의 용기를 다시 일으키는 마중물이 되기를 소망한다.

1. Grow의 시작, 진단부터

평소와 달리 몸에 이상 증상이 느껴질 때, 우리는 병원을 찾아 정확한 진단을 받는다. 두루뭉술하게만 알고 있던 증상도 전문적인 검사와 진료를 통해 명확해지고, 그에 따라 치료 방향이 결정된다. 비록 치료 과정이 쉽지 않더라도, 그 처방을 잘 따를 때 회복의 길로 나아갈 수 있다.

신앙 교육도 마찬가지다. 우리가 교육하고 있는 부서 학생들의 신앙 상태를 얼마나 정확히 진단하느냐에 따라, 양육과 훈련의 방향과 결과가 크게 달라질 수 있다. 막연한 느낌이나 추측이 아닌, 분명한 영적 이해와 분석을 바탕으로 해야 실질적인 양육과 효과적인 훈련이 가능해진다.

이를 위해 다음과 같은 방법을 제안한다.

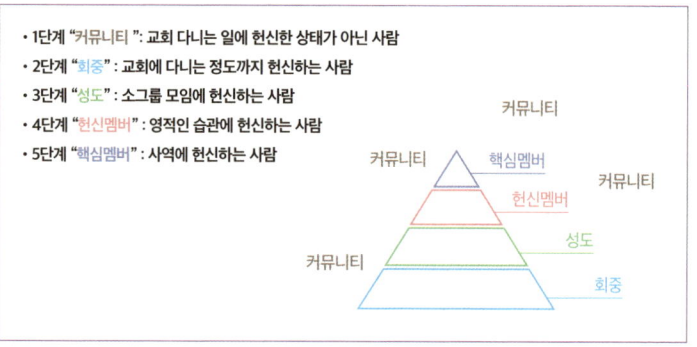

- 1단계 "커뮤니티": 교회 다니는 일에 헌신한 상태가 아닌 사람
- 2단계 "회중": 교회에 다니는 정도까지 헌신하는 사람
- 3단계 "성도": 소그룹 모임에 헌신하는 사람
- 4단계 "헌신멤버": 영적인 습관에 헌신하는 사람
- 5단계 "핵심멤버": 사역에 헌신하는 사람

신앙 진단 실습 안내

① 부서 학생들의 이름을 모두 적어 보라.
가능하면 학년별, 학교별, 출석 빈도 등을 함께 기록해 두면 좋다.

② 다음의 5단계 중 하나로 각 학생을 분류해 보라.
- 커뮤니티(Community): 가끔 출석하거나, 아직 관계가 형성되지 않은 학생
- 회중(Congregation): 예배는 참석하지만, 아직 개인적인 신앙 고백이나 태도는 약한 단계
- 성도(Committed): 말씀과 예배에 관심을 갖고, 신앙생활을 스스로 이어가려는 태도가 보이는 단계
- 헌신멤버(Serving): 사역에 자발적으로 참여하며 공동체에 기여하는 단계
- 핵심멤버(Core): 공동체 안에서 리더십을 발휘하며, 다른 학생들을 돌보고 이끄는 단계

③ 각 단계별로 이름을 나누어 적고, 피라미드 형태로 배치해 보라(가장 아래에는 '커뮤니티' 가장 위에는 '핵심멤버'를 배치).

④ 외곽선을 그려 피라미드의 형태를 시각화해 보라. 그리고 그 모양이 의미하는 바를 분석해 보라.
- 만약 역삼각형 모양이라면?
  헌신된 리더들이 많고, 양육의 성과가 드러나는 건강한 구조다.
- 반대로 정삼각형 모양이라면?
  기초 신앙이 부족한 학생들이 많다는 뜻이다. 양육의 기초부터 다시 세워야 할 시점이다. 학생들의 신앙 수준은 고정되지 않는다. 가정 환경, 개인 경험, 공동체 내 관계 등 다양한 요인에 따라 해마다 달라질 수 있다.

따라서 교육자는 매년 정기적으로 신앙 상태를 점검하고, 그에 맞게 양육 및 훈련의 방향을 조정할 수 있어야 한다. 이 실습을 통해 우리는 단순히 학생을 '많이 알고 있다'는 착각에서 벗어나, 실제로 그들의 신앙 상태를 더 깊이 이해하게 된다. 그리고 그 이해는, 다음 세대를 더욱 세밀하고 전략적으로 '세우는 일'로 이어질 수 있다.

2. 양육: 뿌리를 내리는 신앙

먼저, 다음 세대 사역은 신앙의 뿌리를 깊이 내리는 '양육'의 과정에서 시작되어야 한다. 양육은 하나님을 알아가고 복음의 기초 위에 신앙 정체성을 세우는 여정이다. 단순한 지식 전달을 넘어, 말씀과 기도를 통해 삶의 내면을 변화시키는 영적 동행이다.

양육의 본질은 한 사람의 내면에 하나님의 말씀이 뿌리내리도록 돕는 것이다. 그렇게 자란 신앙은 흔들림 없는 삶의 토대가 되며, 이는 단지 지식의 축적이 아닌 신앙 인격을 세우는 일이다. 이런 양육은 교회 공동체의 건강성과 미래를 좌우하는 결정적인 출발점이 된다.

이를 위해, 신앙의 기초를 세우는 데 도움이 되는 몇 가지 실제적인 방법을 함께 나누고자 한다.

무엇보다, 매 주일의 예배 시간을 최고의 양육의 시간으로 삼는 것이 중요하다. 예배 안에는 말씀, 기도, 공동체성 등 양육의 핵심 요소들이 모두 포함되어 있다. 따라서 예배는 그저 반복되는 주간 프로그램이 아니라, 전략적으로 준비되고 기도 속에서 세워져야 할 가장 중요한 양육의 장이다.

특히, 부서 학생들의 신앙 수준을 먼저 잘 파악했다면, 그에 맞는 예배와 메시지를 준비하는 것이 필요하다. 그래야 예배가 단지 형식에 그치지 않고, 각자의 믿음을 자라게 하는 살아 있는 만남의 시간이 될 수 있다.

장년 성도에게 주일 낮 예배가 '대예배'라면, 다음 세대에게는 부서 담당 교역자와 교사들이 함께 준비하는 예배가 바로 그들의 '대예배'이다. 그러므로 우리는 매 주일 예배를 그들에게 드리는 귀한 선물처럼 여기고, 최선을 다해 준비해야 한다.

이 과정에서 예배 큐시트를 활용하는 것도 매우 유익하다. 예배 중 발생할 수 있는 사소한 문제들이 큐시트를 통해 자연스럽게 해결될 수 있기 때문이다.

- 예배 시작 전 사전 모임부터
- 예배 중 찬양, 말씀, 헌금, 광고 순서까지
- 예배 후 소그룹 활동 및 마무리까지

모든 요소를 큐시트에 기록하고, 각 담당자를 명확히 세움으로써 예배의 흐름이 분산되지 않도록 돕는다. 이렇게 준비된 예배는 학생들이 방해받지 않고, 예배에 온전히 집중할 수 있는 환경을 마련해 준다.

부서이름 주일예배 Cue-Sheet

작성자 :
일 시 :

■ 예배 담당자

일 시	설 교	대표기도	봉 헌	새가족 소개	제2예배당 (경신중학교 도서관)	사역팀
						현장 송출
						온라인 송출
						커메라
						음향

■ 공지사항
1. 제목
  일시 :
  내용 :

2. 제목
  일시 :
  내용 :

□ 교사공지
1. 제목
  일시 :
  내용 :

□ 질문
- 도입 : 매주 내용이 변경됩니다.

- 소그룹 <다함께해요, 참고>
① 지난 주의 말씀을 들으면서 결단한 내용에 대한 삶을 점검(결단 후, 개선해야 할 점, 적용해야 할 점)해 봅시다.

② 오늘 말씀을 들으면서 어떤 생각이 들었나요?
③ 오늘 말씀을 들으면서 궁금했던 점은 없었나요?
④ 오늘 말씀을 들으면서 새롭게 결단한 것은 없었나요?

⑤ 한 주간 깨달은 말씀을 기억하며 하나님의 사람으로서 삶아낼 수 있도록 도움을 구하는 기도를 드립시다.

부서이름 주일예배 Cue-Sheet

■ 상세큐시트 - 샘플

시간	순서	담당자	세부사항 / 멘트	영상	조명	음향	비고
11:00~11:20	예배준비		[청소사항] ☐ 현관앞/예배실 수저 ☐ 공과사역장 ☐ 예배(원카드/신패/통속) ☐ 일부 신발지	대기 영상	은은하게	BGM ON	
11:20~11:30	20'		Welcome: 입구에서 아이들 환영 (11:30에 다면 출입하지 못하도록 벨트 차단용)	카운트 영상			
	10'		방송실: 예배 시작 5분 전 카운트	에디켓 영상			
	Welcome						
			1부				
11:30~11:33	오프닝	담당 교역자	가벼운 멘트와 함께 사도신경 + 블랙싱기도문	사도신경 블랙싱기도문		피아노 반주	
	3'						
11:33~11:48	찬 양	OCEAN	Song List 1. 주님 바라 볼수록 2. 주의 길이 내가 서 3. 선하심 기도문 운반	가사 자막	무대 ON 화중 ON	Mic 00-00 세션 ON	
	15'						
11:48~11:50	대표기도	학생 (6-1)					
	2'						
11:50~11:52	광 고	SIX	**'출염 - 핵개 - 청소년부(핵사) - 다음세대 - 교회 - 앞앞과 사역자**	순서자	무대 OFF 화중 OFF	Mic 2.	
	2'						
11:52~11:54	성경봉독	부 장 청사녀	오늘 우리에게 주시는 하나님의 말씀은 다니엘 3장 19-30절 말씀입니다. 구아냥 겔 12장6페이지. 다니엘 3장 19-30절 말씀을 읽도록 하겠습니다. 찾은 친구들은 자리에서 일어나겠습니다. 더 같이 교독하셔도 됩니다. "지금은 봉사시간입니다. (준비 완료 시) 준비된 본문 드리겠습니다.	광고영상 출총 말씀	전체 OFF	Mic 2.	피아노 반주
	2'						
11:54~11:56	봉헌 및 기도		하는 멘트와 함께 봉헌 담당자는 봉헌 주머니를 들고 앞으로 전체에 나와 양양 끝 역사에게 전달한다.	계란번호	전체	BGM	
	2'						
11:56~12:00	기도						
	1'						
			거기서 본 세상은				
			(단 3:19-30)				
12:00~12:25	설 교	담당 교역자		설교제목		핀 마이크	
	25'						
12:25~12:28	기도키드		하나님이시여 + 주님 바라 볼수록(수업)	가사 자막	무대 ON 화중 OFF	BGM (색추영)	
	3'	찬 성				Mic 00-00	
12:28~12:31	적음창성					세션 ON	
	3'	핑사기도				피아노 후주	
12:31~12:32							
	1'						
12:32~12:33	측 도		측도 후 피아노 반주	순서자	전체	※ 2번 Mic 사용	
12:33~12:37	방문자 한 영		영상에 방문한 친구의 이름을 띄우고, 축복송 "내가 와서 좋아"로 축복한다.	방문자	전체	세션	
	4'						
			소그룹 모임				

부서이름 주일예배 Cue-Sheet

우리들의 결단 ※결단 문구 끝나면 "하나님과 동행하며 하나님 나라를 꿈꾸는 자들이 세워지길 소망하는 공동체"를 띄워주시고 마지막 카운터 30초를 숫자로 송출해주세요. - 샘플

- 매일 아침 하나님의 사람 됨을 고백하기.
- 불안함을 주님께 내어드립니다. 주님의 길을 따라가겠습니다.
- 매일 말씀 보기, 매일 감사하기!
- 하루에 1개씩 감사 기도 제목 쓰기.
- 목적이 하나님의 계획과 합하여지는지를 항상 점검하겠습니다.
- 삶의 목표가 주님이 될 수 있도록 일상 속에서도 주님만을 높이겠습니다.
- 나의 부르심, 공동체를 더욱 사랑하게 해 주세요.
- 매일 아침, 저녁 주님의 말씀을 보며 가족들과 말씀을 나누겠습니다.
- 문제가 기도가 되었고 아픔이 자랑이 되었음에 감사합니다.
- 은혜가 계속 쌓여가길, 쌓여서 삶이 되고 인생이 되어 누군가에게 전해지길 원합니다.
- 예배를 찾아가기.
- 하루를 살아갈 힘 주소서.
- 하루하루 감사드리겠습니다.
- 사도 바울을 닮아가도록 노력하겠습니다.
- 이번 한 주 주님만 바라보는 삶 살길.
- 하루를 살아갈 때에 남들과는 다른, 하나님께서 기뻐하시는 삶의 목표를 세우겠습니다.
- 매일 아침에 성경 읽고 그에 따른 은혜로 하루하루를 충실하게 살기.
- 하나님을 더욱더 사랑하기를 원합니다.
- 오늘, 그리고 앞으로 주님의 은혜를 바라며 살아감에 감사하다.
- 매일을 감사하기.
- 자신은 있습니다. 하지만 용기가 나지 않고 부끄럽습니다. 내 마음 만져 주세요.
- 하루하루의 은혜에 감사하겠습니다.
- 기도 많이 하고 예배 열심히 드리겠습니다.
- 나만이 아니라 다른 사람의 삶에도 은혜가 가득하길 기도하며 살겠습니다.
- 하나님의 일을 감당하고 쓰임받는 것이 나에게 감사와 기쁨으로 다가올 수 있도록 감사의 기도를 드리겠습니다.
- 한 주, 주님따라 살겠습니다.
- 고난이 찾아오더라도 기뻐하고 감사하자. 오늘 하루의 은혜에 감사하며 최선을 다하자.
- 더 성실히, 제대로 골방에서 기도드리겠습니다.
- 제게 일어나는 모든 일들이 하나님께서 예비하신 것이라 믿고 감사하며 살아가겠습니다.
- 하나님의 자녀다운 사람이 되도록 노력하겠습니다.
- 목적이 이끄는 삶을 살게 하소서.
- 주님이 나를 통해 무엇을 하길 원하시는지 생각하며 살아가겠습니다.
- 주님 앞으로 하루하루 주님의 은혜로 살고 있다는 것을 기억하며 힘들더라도 버티며 열심히 사는 제가 되겠습니다.
- 찬양 팀을 위해 매일 기도하기.

예배 순서 중 '말씀'과 '기도'는 양육에 있어 가장 중요한 도구이다.

먼저 말씀은 학생들의 연령과 신앙 수준을 고려하여, 그들이 이해하고 받아들일 수 있는 언어와 예화로 전달하는 것이 중요하다.

간혹 "어느 수준에 맞추어 설교를 준비해야 하나요?"라는 질문을 받곤 한다. 그럴 때마다 필자는 이렇게 답한다. "고학년은 비교적 쉬운 메시지도 소화 가능하지만, 저학년은 어려운 설교를 이해하기조차 어렵습니다. 그러므로 설교의 기준은 가장 연약한 자에 맞춰야 합니다." 그 이유는 간단하다. 고학년 학생은 낮은 수준의 메시지라도 은혜를 받을 수 있지만, 저학년은 어려운 메시지를 이해조차 못 할 수 있기 때문이다.

양육의 목적은 모두가 복음을 들을 수 있도록 돕는 것이며, 그 중심에는 가장 작은 자를 배려하는 시선이 있어야 한다.

다음으로, 대표기도 역시 양육의 중요한 도구이다. 대표기도는 사전 준비된 기도문을 바탕으로, 읽는 형식으로 드리는 것이 가장 효과적이다. 이는 중언부언을 피하고 내용이 명확하며, 간결하게 전달되도록 돕기 때문이다.

기도를 준비할 때는 예배자들, 즉 학생들이 이해할 수 있는 단어를 사용하는 것이 중요하다. 간혹 너무 어려운 신학적 용어나 문어체 표현으로 기도하는 경우가 있는데, 대표기도는 한 사람의 개인기도가 아니라, 공동체를 대표하여 하나님께 드리는 기도임을 잊지 말아야 한다.

가능하다면 기도자에게 사전 공지를 통해 순서와 내용, 그리고 해당 주의 예배나 부서의 특이사항을 전달하는 것이 좋다. 이러한 사전 준비는 기도의 방향성을 잡아 줄 뿐 아니라, 기도자와 회중이 함께 마음을 모아 하나님 앞에 나아가는 귀한 예배의 순간을 만들어 준다.

매력적인 도구를 하나 소개하겠다. 그것은 바로 '주보'이다. 필자는 주보에 기존의 설교제목, 광고, 예배 순서 외에 다음의 항목들을 추가해 사용하고 있다.

- 설교 도입 질문
- 설교 후 기도 제목 기록란
- 삶의 적용 및 결단 작성란
- '공개/비공개' 선택 체크란

예배가 시작되면, 설교 도입 질문을 먼저 제시한다. 이 질문은 설교 주제를 기반으로 한 것이며, 학생들이 먼저 그에 대한 자신의 생각을 스스로 적게 한다. 그다음, 설교를 통해 성경이 말하는 그 질문의 해답을 전달한다. 말씀을 들은 후, 깨달은 바에 따른 회개, 기도 제목, 삶의 적용과 결단을 직접 기록하게 한다.

이 과정을 통해 학생들은

- 현재 자신의 생각과 기준을 점검하고
- 말씀을 통한 성찰을 글로 정리하며
- 삶의 구체적인 변화로 연결될 수 있는 결단을 내리게 된다.

특히 주보에 포함된 '공개/비공개' 기도 제목 선택란은 단순한 형식이 아니다. 공개된 기도 제목은 교사와 교역자가 함께 중보하고, 비공개된 내용은 담당 교역자가 개인적으로 기도한다. 이 과정을 통해 학생들은 신뢰 안에서 기도 제목을 나누고, 정직한 공유와 관계의 깊이를 경험하게 된다.

하지만 여기서 멈추지 않는다. 정해진 요일과 시간, 학생 한 명 한 명의 기도 제목을 기억하며 실제로 기도하고, 짧은 문자로 그 마음을 전한다. 물론, 쉽지 않은 일이다. 그러나 이 사역을 시작한 이유는 단 하나였다.

> "목사가 '기도하겠습니다'라는 말을, 결코 빈말로 하지 않기 위해서입니다."

처음에는 학생들도 놀랐다. 하지만 시간이 흐르며, 이 방식은 그들에게 익숙해졌고, 이전보다 훨씬 깊이 있는 기도 나눔과 신뢰가 형성되었다. 비록 온라인이지만, 그 안에서 진짜 관계가 시작된 것이다.

또 하나, 주보의 '결단' 항목도 단순히 글로만 끝나지 않는다. 학생들이 직접 적은 결단 내용을 바탕으로 간단한 영상을 제작해, 다음 주 예배 시작 전 상영한다. 이 영상은 지난 한 주간의 결단을 돌아보게 하고, "나는 어떤 마음으로 결단했고, 얼마나 실천했는가?"라는 질문을 다시 마음에 새기게 한다.

그 결과, 신앙에 대한 책임감과 실제 삶에서의 적용력이 자연스럽게 자라나게 된다. 무엇보다 이 영상은 예배 전, 분주한 공간의 분위기를 조용하고 경건하게 전환시키는 도구가 된다. 학생들은 자연스럽게 예배의 중심으로 초대받고, '지금 이 자리'에 마음을 집중하게 된다.

결국, 이 단순해 보이는 '주보' 한 장이

- 나의 잘못된 생각의 확인
- 막연한 깨달음의 정리
- 말씀의 삶 속 적용과 실천으로의 연결

- 신뢰와 사랑이 담긴 기도
- 한 주간의 삶에 대한 점검까지 이뤄내는

다음 세대 양육의 강력한 도구로 사용될 수 있다.

PASSI ON
04:01
하나님과 나의 언약 무지개를 잘 활용하자.
하나님이 주인 되시는 삶 살 수 있도록 도와주세요.
뜻대로 되지 않더라도 용기 내어 감사와 기쁨으로 나아가겠습니다.
나의 삶에서 주님을 닮아가는 삶을 살겠습니다.
주님께서 행하여 주실 것을 내가 믿습니다.
주님이 원하시고 준비하신 길을 알기 위해 기도하기.
제 목적에 하나님을 위한 것인지 깨달았을 때 제 목적이 다시 저만을 위한 목적으로 바꾸지 않게 해달라고 기도.

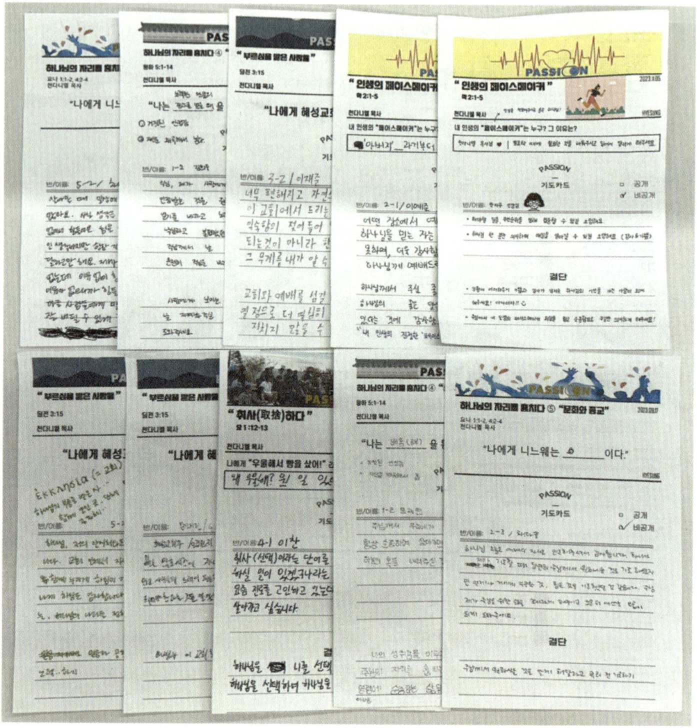

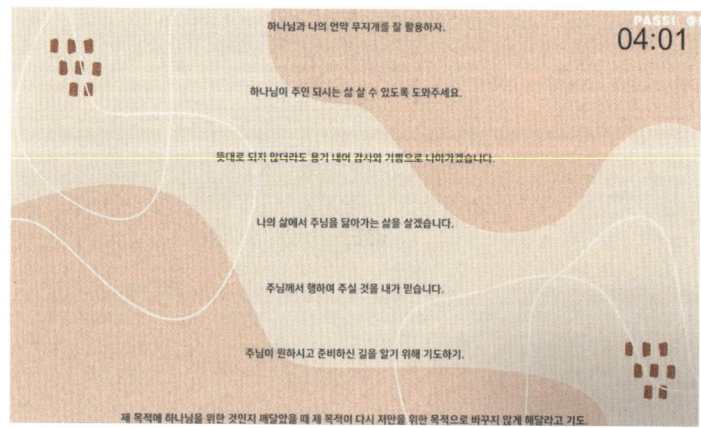

마지막으로, 자녀 신앙 양육에서 가장 중요한 출발점은 부모가 자녀 신앙의 '주체'임을 인식하는 것이다.

오늘날 많은 이들이 교회 안의 다음 세대를 보며, "다음 세대는 교회의 미래다"라고 말한다. 하지만 필자는 이 말을 조금 다르게 바라보고 싶다.

"지금의 다음 세대는 교회의 '과거'를 보여 준다"라고 말하고 싶다.

왜냐하면, 지금 다음 세대의 모습을 보면, 교회가 지난 세월 동안 어떤 길을 걸어왔는지를 알 수 있기 때문이다.

불과 2,30년 전, 다음 세대였던 지금의 3,40대가 신앙을 떠나 교회를 떠난 현실은 이미 우리가 목격한 결과이다. 그리고 그 결과, 오늘날 교회에 출석하는 다음 세대의 수가 현저히 줄어든 것도 부정할 수 없는 현실이다.

물론 저출산이라는 사회적 요인도 있지만, 가장 본질적인 문제는 '신앙의 전수가 제대로 이루어지지 못했다'는 데 있다. 그 책임은 교회만이 아니라, 가정의 무너짐, 특히 부모의 신앙적 역할 부재와도 깊은 관련이 있다.

19세기 산업혁명 이후, 부모들은 더 이상 자녀와 시간을 충분히 보내지 못하게 되었고, 자연스레 교육과 신앙 훈련의 중심이 '가정'에서 '기관'으로 옮겨졌다. 그리고 오늘날까지 그 영향은 이어지고 있다.

그 결과, 많은 부모들이 자녀의 신앙 교육을 전적으로 교회에 맡기기 시작했다. '나보다 전공한 전도사님, 목사님이 더 잘 가르치겠지…' 하는 생각 속에서, 신앙 양육의 1차적 책임자인 '부모'의 자리에서 한 걸음 물러서게 된 것이다.

이러한 태도는 결국 '영적 방임'으로 이어졌다. 부모가 자녀를 그리스도의 제자로 세우는 가장 중요한 책임자라는 사실을 잊게 된 것이다.

그러나 분명히 기억해야 할 것은, 교회는 가정을 대신할 수 없다. 물론 가정도 교회의 도움 없이 온전할 수 없다. 교회와 가정은 함께 협력하여 다음 세대를 세워야 하며, 그 시작은 부모의 책임 인식에서부터 출발해야 한다.

주중에 부모가 자녀들을 위해 신앙 양육을 실천할 수 있도록, 교회는 가정과 연결된 신앙 프로그램을 제공할 수 있다. 예를 들어, 매일 말씀을 가까이하는 습관을 기를 수 있도록 '말씀 점검표'를 가정에 제공하는 것이다.

물론 1년 1독과 같은 목표 설정도 의미 있지만, 그보다 더 중요한 것은 "하루에 한 장이라도 온 가족이 함께 말씀을 읽는 가정 문화"를 세우는 일이다. 이 작은 습관이 아이의 영혼을 깨우고, 가정 전체의 영적 공기를 바꾸는 중요한 시작이 된다.

또 하나의 실제적인 방법으로, 제자훈련이나 양육과정 중 '주중 과제 점검'을 부모에게 요청드리는 방식을 도입했다.

예를 들어, 자녀가 큐티(QT)를 마쳤을 경우, 자신이 큐티를 통해 깨달은 내용을 부모에게 짧게 나누고, 부모는 그 내용을 듣고 자녀를 위한 축복기도를 해 주는 방식이다. 이 간단한 약속을 통해 놀라운 변화들이 나타났다.

- 사춘기 자녀와 부모가 하루의 첫 대화를 '말씀'으로 시작하게 되었다. 말씀이 자연스럽게 가정 대화의 주제가 되었고, 신앙이 일상의 언어가 되기 시작했다.
- 부모는 자녀를 위해 기도할 수 있는 은혜를 누리게 되었다. 이전보다 더 의식적으로 자녀의 삶을 위해 축복하고, 격려하는 시간으로 연결되었다.
- 자녀의 큐티하는 모습을 통해 부모 또한 도전을 받고 말씀을 가까이하게 되었다. 아이의 신앙이 부모의 신앙을 자극하는 선한 순환 구조가 만들어졌다.

결국 이러한 과정들을 통해, "가정이 함께 말씀을 읽고 나누는 신앙의 공동체"로 자연스럽게 세워지는 열매를 맺게 되었다.

3. 훈련: 열매 맺는 삶의 실천

양육의 기반 위에, 삶의 현장에서 복음을 실천하며 사명을 감당하는 훈련이 반드시 이어져야 한다. 훈련은 신앙으로 세워진 내면이, 실제 삶의 자리에서 능동적으로 드러나도록 돕는 실천의 여정이다. 양육이 '말씀 안에 뿌리내림'이라면, 훈련은 '그 뿌리 위에 열매 맺음'이라 할 수 있다.

찰스 스펄전(Charles Spurgeon) 목사는 이렇게 말했다. "진리는 단지 가르쳐질 때보다, 살아질 때 가장 강력해진다." 복음은 단순히 배우는 데서 그치지 않는다. 삶 속에서 실천되고 적용될 때, 그 능력이 온전히 드러난다. 훈련은 바로 이 복음을 배운 대로 살아 내기 위한 실천의 자리이다.

양육 없이 훈련만 지속된다면, 내면이 준비되지 않은 채 외적인 사역에 치우쳐 쉽게 지치거나 위선에 빠질 수 있다. 반대로 훈련 없이 양육만 이루어진다면, 신앙은 자라지만 실제 삶에서는 복음을 적용하지 못한 채 머물게 된다. 결국 지식은 쌓이지만, 그 지식이 삶을 변화시키지 못하는 상태에 머무르게 된다.

따라서 교회는 다음 세대의 성장을 위해, 양육과 훈련을 분리된 개념이 아닌, 하나로 연결된 여정으로 바라보아야 한다. 양육을 통해 복음에 뿌리를 내리고, 훈련을 통해 열매 맺는 삶으로 나아가도록 돕는 것, 그것이 바로 교회가 감당해야 할 중요한 사명이며 책임이다.

이러한 과정을 통해, 한 사람이 단지 신앙인의 모습을 갖추는 데 그치지 않고, 신실한 그리스도의 제자로 자라나게 된다. 그리고 그 제자의 삶을 통해 복음은 오늘의 세상 속에서도 살아 움직이며, 하나님 나라를 드러내게 된다.

이를 위해, 신앙의 기초를 세우고 훈련의 열매를 맺게 하는 구체적인 실천 방법이 필요하다. 일반 학교 교육에도 연령에 따른 커리큘럼이 있듯, 주일학교와 교회 교육 역시 연령과 수준에 따른 양육과 훈련이 반드시 이루어져야 한다.

여기서 한 가지 중요한 질문을 하고자 한다. 만약 중·고등부가 통합되어 있다면, 훈련의 대상과 수준은 무엇을 기준으로 삼아야 할까? 그 답은 "연령과 학년"이다. 신앙 훈련은 단순히 프로그램을 일괄적으로 적용하는 것이 아니라, 학생들의 연령과 발달 단계, 그리고 해당 부서에서 몇 년째 신앙 교육을 받고 있는지(학기 기준)를 고려해 세심하게 설계되어야 한다.

예를 들어, 갓 올라온 중등부 1학년 학생에게는 기초 신앙 훈련(말씀, 기도, 공동체의 이해 등)이, 고등부 3학년에게는 선교적 삶, 리더십, 실천 중심 훈련이 제공되어야 마땅하다. 즉, 훈련은 단발성 '교육'이 아니라, 연령별, 연차별 흐름을 따라 점진적으로 진행되어야 하는 제자화 여정이다.

이를 위해 교회는 체계적인 커리큘럼을 구축하고, 각 세대에 맞는 신앙 콘텐츠와 훈련 방식을 지속적으로 개발해야 한다. 지금부터 청소년부서(중1~고3 통합)를 기준으로, 실제적인 훈련 프로그램을 소개하고자 한다.

청소년 훈련 5가지 프로그램 구성

하나. 새가족 교육
교회에 처음 방문한 학생들을 대상으로 4주간 교육을 진행한다. 타 교회에서 출석 경험이 있는 학생들도 동일하게 이 교육을 받는다. 그 이유는 본 교회만의 교육 철학과 공동체 문화를 이 새가족 교육을 통해 공유하고자 하기 때문이다.

둘. 성경 통독
새가족 교육을 수료한 학생들을 대상으로 10주간 성경 통독 훈련을 진행한다. 이는 말씀을 가까이하는 습관을 형성하기 위한 과정이다. 많은 교회에서 큐티 훈련을 먼저 시도하지만, 말씀을 '읽는 습관'이 먼저 자리 잡을 때 큐티 역시 깊어질 수 있다고 생각한다.

셋. 큐티학교
성경 통독을 수료한 학생들을 대상으로 10주간 진행되는 큐티 훈련이다. 큐티가 무엇인지, 어떻게 해야 하는지 A부터 Z까지 체계적으로 교육한 후, 개인적으로 큐티하는 습관과 그 유익을 실제로 경험하게 한다.

넷. 제자훈련 ①
큐티학교를 수료한 만 15세 이상 학생 중, 담당 교역자의 심사(지원서 제출 및 면담)를 거쳐 선발된 훈련생을 대상으로 1년간(상·하반기 각 10주) 진행하는 집중 훈련이다.

다섯. 제자훈련 ②
세례·입교를 마치고 제자훈련 ①을 수료한 만 17세 이상 학생 중, 동일한 방식으로 선발된 훈련생을 대상으로 1년간(상·하반기 각 10주) 진행되는 고급 제자훈련이다.

실제 적용 사례 '소이안(Soi An)'

가상의 인물 '소이안'이 중학교 1학년이 되어 처음 청소년부에 등록했다고 가정해 보자.

- 중학교 1학년 상반기 : 성경 통독 훈련 수료
- 중학교 1학년 하반기 : 큐티학교 수료
- 중학교 2학년 1년간 : 제자훈련 ① 수료

그러면 바로 제자훈련 ②로 이어질 수 있을까? 그렇지 않다. 중3은 고입 준비로 인해 가장 바쁜 시기이기에, 필자는 이 시기를 '영적 안식년'으로 제안했다. 쉼과 균형이 필요하기 때문이다.

- 중학교 3학년 : 입시 집중 및 훈련 공백기
- 고등학교 1학년 : 제자훈련 ② 시작

그 외의 보완 훈련으로 청소년 시기의 특성과 필요를 고려하여 다음과 같은 보완 프로그램도 함께 운영한다.

- 세례 및 입교 교육: 신앙의 공적 고백과 교회 공동체 일원으로의 참여를 준비
- 주제 특강(비정기): 연애, 중독, 성, 돈 등 청소년의 현실적 이슈를 다루는 신앙적 통찰 제공

신앙 훈련과 함께 반드시 동반되어야 할 것은 훈련생들이 실제로 실천하고 섬길 수 있는 봉사의 환경을 마련해 주는 일이다. 신앙은 지식이나 경험에 머물러서는 온전히 자라날 수 없다. 배운 말

씀을 삶으로 살아 내는 자리, 곧 실천의 장을 통해 믿음은 뿌리내리고 자라난다.

교회마다 섬김의 환경은 다를 수 있으나, 대부분은 임원, 찬양팀, 미디어팀, 문서팀 등 예배와 각종 사역을 준비하고 운영하는 다양한 부서 속에서 청소년들이 섬길 수 있는 자리를 마련하고 있다.

그러나 이때 반드시 놓치지 말아야 할 중요한 원칙이 있다. 섬김의 자리에 세워야 할 대상은 '훈련된 학생'이어야 한다는 것이다.

앞서 언급한 바와 같이, 우리 부서 내 신앙 수준을 점검해 적어도 '성도 수준' 이상의 신앙 이해와 태도를 갖춘 학생들이 섬김의 자리에 세워져야 한다. 이는 단순한 기준 설정을 넘어, 공동체의 건강성과 지속 가능성을 위한 필수적 전제이다.

훈련되지 않은 학생들을 사역의 전면에 세우는 것은 결국 모래 위에 집을 짓는 것과 같으며, 외적으로는 화려하고 활기차 보일지라도 내적으로는 쉽게 흔들리고 무너질 수밖에 없는 구조를 만들게 된다.

따라서 교회는 다음 세대를 섬김의 자리로 초대하기 전에, 반드시 말씀과 기도, 삶의 실천으로 그들을 '세우는 일'을 먼저 감당해야 한다. 섬김은 훈련의 열매이어야 하며, 동시에 다음 훈련을 이끄는 가장 강력한 동력이 되기 때문이다.

신앙 훈련은 지식의 축적이나 일시적 열정으로 끝나지 않아야 한다. 훈련의 궁극적 목적은 삶 속에서 그리스도를 따르고 섬기는 제자로 세우는 데 있으며, 이를 위해 교회는 훈련 이후 구체적인 실천의 자리, 곧 '섬김의 현장'을 마련해야 한다.

훈련과 섬김은 분리될 수 없는 한 몸과 같으며, 그 연결은 아래와 같이 단계별로 체계화되어야 한다.

첫째. 학생 임원단 (리더십 사역)

공동체 전체를 이끌며 기도와 비전으로 섬기는 대표 리더들

- 회장: 만 18세(고2) 이상으로, 제자훈련 ② 수료자
    ➡ 청소년부를 대표하여 공동체의 방향성과 리더십을 실질적으로 이끄는 자리

- 부회장(고): 만 17세(고2) 이상으로, 제자훈련 ② 훈련 중인 자
    ➡ 회장을 보좌하며, 실제 사역에 점진적으로 참여

- 부회장(중): 만 15세(중2) 이상으로, 제자훈련 ① 훈련 중인 자
    ➡ 중등부 학생과 고등부 리더십의 연결 고리 역할

- **총무 · 회계 · 서기: 제자훈련 ① 수료자 및 수료 예정자**
  - ➡ 실무 중심의 섬김을 통해 리더십을 훈련하고, 사역 행정의 기초를 배움

둘째. 학생 섬김이 팀장 (중간 리더십)

- **각 사역 팀(예: 찬양, 미디어, 안내, 친교 등)을 이끄는 실질적 사역 리더, 제자훈련 ① 수료자**
  - ➡ 단순한 역할 분담이 아니라, 후배 섬김이들을 이끌고 훈련을 적용하는 자리

셋째. 학생 섬김이 (일반 사역 참여자)

- **주일 예배 및 다양한 부서 사역에 참여하는 실제 봉사자들, 큐티학교 수료자**
  - ➡ 큐티 훈련을 통해 말씀 안에서 자란 신앙을 예배와 섬김으로 표현

이런 기준이 필요한 이유가 무엇일까? 이러한 섬김의 기준은 단지 자격을 제한하기 위한 장치가 아니다. 이는 곧 제자도를 실현하는 질서이며, 공동체의 영적 기초를 견고히 하는 기둥이다. 훈련 없이 섬김에 참여하게 될 경우, 당장은 활발한 듯 보일 수 있으나 시간이 지나며 쉽게 지치고 흔들리는 모습을 마주하게 된다. 그러나 훈련을 통해 내면이 다져진 학생이 섬김의 자리에 설 때, 그 공동체는 비로소 모래 위가 아닌 반석 위에 세워진 부서로 견고히 서게 된다. 훈련으로 다져지고, 섬김으로 성장하는 순환 구

조가 바로 건강한 다음 세대 교회의 방향이다.

청소년부 양육과 훈련의 주된 대상은 학생들이지만, 그 배경에는 반드시 '부모'가 함께 있어야 한다. 교회가 아무리 좋은 훈련 커리큘럼을 마련해도, 그 열매가 일상으로 연결되기 위해서는 가정과의 연결, 곧 부모와의 협력이 필수이다.

많은 사역자들이 부모와의 만남을 부담스럽게 느끼곤 한다. 때로는 기대와 요구가 어긋나기도 하고, 오해와 거리감이 생기기도 한다. 그러나 자녀 교육의 '1차 주체'는 부모이며, 교회는 그 역할을 '돕는 조력자'로서 부모와의 지속적인 동역 관계를 맺고, 함께 다음 세대를 세워 가야 한다.

이를 위해 교회는 부모와의 관계를 단순한 행정적 전달이나 수동적 협조를 넘어, 함께 교제하고 기도하며 성장하는 신앙 공동체로 만들어 가야 한다.

부모와의 동역을 위한 실제 방안

- 부모 초청 예배 : 자녀들의 예배 현장을 함께 경험하게 하며, 자녀의 변화와 성장을 부모가 직접 확인하고 격려할 수 있는 기회를 제공한다.

- 부모 밴드 및 소통 채널 운영 : 양방향적인 소통을 위해 단순한 공지

전달을 넘어, 자녀 교육에 도움이 되는 콘텐츠와 함께 격려와 감사의 메시지를 주고받는 공간으로 활용한다.

- 학부모 자원봉사 참여 유도 : 예배 안내, 간식 섬김, 행사 운영 등 부모가 실제로 사역에 함께 참여함으로써 공동체 소속감을 느끼고, 자녀와의 공감대도 형성할 수 있도록 돕는다.

청소년 사역은 교회만의 사역이 아니라, 가정과 함께 이루어가는 사역이다. 교회는 부모가 양육의 책임을 잊지 않도록 격려하고, 부모는 교회를 신뢰하며 동역자로 서야 한다. 이 믿음의 동반자 관계 속에서, 다음 세대는 단지 훈련된 학생을 넘어 가정과 교회가 함께 세워 가는 온전한 제자로 자라나게 될 것이다.

고로, 다음 세대 사역은 단지 교육 프로그램이나 활동 운영의 문제가 아니다. 그것은 곧 한 사람의 인격과 영혼을 말씀으로 빚어내는 거룩한 사명이다. 양육은 복음의 뿌리를 내리는 기초이며, 훈련은 그 복음이 열매 맺도록 삶을 빚는 과정이다. 그리고 이 모든 과정은 교회와 가정이 동역의 관계로 연결되어야만 온전히 이루어질 수 있다.

오늘 우리가 다음 세대를 어떻게 대하고 있는지는, 결국 하나님 앞에서 교회가 얼마나 진실한지를 드러내는 거울이다. 내일의 교회는 오늘 우리가 얼마나 정직하게 씨를 뿌렸는가에 따라 날라질 것이다.

찰스 스윈돌(Charles Swindoll) 목사는 이런 말을 남겼다. "다음 세대는 우리가 그들을 위해 무엇을 말했는지보다, 우리가 어떻게 살았는지를 기억할 것이다."

우리는 아이들에게 '복음을 살아내는 법'을 가르치는 것이 아니라, 우리가 살아 내는 복음의 삶 자체가 그들에게 가장 강력한 교과서가 된다.

그러므로 지금, 우리는 다음 세대를 위해 다시 질문해야 한다.

"나는 한 사람의 영혼을 세우기 위해 오늘 무엇을 준비하고 있는가?"

"우리 교회는 다음 세대를 위해 어떤 뿌리와 열매를 함께 가꾸고 있는가?"

이제는 단지 "다음 세대는 교회의 미래다"라는 말에 머물 것이 아니라, 지금 이 세대에서 복음이 어떻게 살아 움직이고 있는지를 보여줄 수 있는 교회와 가정이 되어야 할 때이다.

다음 세대를 향한 하나님의 마음을 품고, 다시 씨를 뿌리기를 원한다. 그리고 기도하며 기다릴 때, 반드시 그 자리에 복음의 열매가 맺혀질 것이다.

CHAPTER 4

경계성 장애를 가진 다음 세대를 어떻게 대처해야 할까?

핵심키워드
:
콜드 타임의 불씨, 경계선 인격장애

콜드 타임의 불씨, 경계선 인격장애

건강하지 않은 경계성을 가진 사람들을 어떻게 대처해야 할까?

> 감정 기복이 심합니다. 화나 우울감, 좌절과 억울함도 많습니다. 가족(다른 사람 포함)에 의해 너무 쉽게 흥분하고 불안합니다. 또 다른 사람에 의해 너무 쉽게 행복해합니다. 다른 사람(남편, 아내, 자녀, 부모, 다른 중요한 사람)의 말과 행동에 제가 너무 영향을 많이 받습니다. 잠을 쉽게 못 자고 불안해합니다. 다른 사람에 의해 영향을 너무 많이 받고 집착이나 요구도 심합니다. 혼자서도 즐겁게 자신을 잘 살아가는 것도 힘듭니다. 도와주세요.

우리나라 사람들에게 유난히 많은 것이 질문한 종류 같은 어려움을 겪는 사람들이 많다. 유교와 체면문화, 생존경쟁, 감정표현이 부족한 문화 배경이 이런 경계성 인격장애(경계선 인격장애, BPD[Borderline personality disorder])를 더 많이 생기도록 했다. 설사 경계성 인격장애 진단까지는 아니더라도 경계선이 건강하지 않은 요소가 많은 사람이 교회 안에 매우 많다. 그래서 건강하지 못한 경계선 일부분이라도 찾아서 수정하고 고쳐야 대인관계가 자유롭게 된다. 혼자서도 행복해진다. 그리고 하나님 나라를 누리는 바른 신앙, 풍성한 신앙이 된다.

미국의 연구에 따르면 전체 인구의 약 2% 정도가 경계선 인격장애를 가지고 있다. 정신과 외래 진료를 받는 사람 중에서는 약 10%, 입원 환자 중에서는 약 20%가 이 장애에 해당된다고 한다. 인격장애로 진단받은 사람 중에서도 40~60% 정도가 경계선 인격장애를 가지고 있을 만큼, 다른 인격장애들보다 훨씬 흔하게 나타나는 편이다.

전반적으로 여성에게서 이 장애가 훨씬 더 자주 나타난다. 유고보(YouGov, 영국 여론조사기관)가 2023년 9월에 조사한 바에 따르면, 미국인의 89%가 (57% 매우, 32% 다소 중요) 인간관계, 특히 연애 관계에서 경계 설정을 중요하게 여겼다.

한국은 높은 정신 장애 유병률과 청소년의 심각한 정신적 고통 지표가 나타나고 있다. 놀라운 것은 건강한 경계 설정 미비가 이를 더 악화시키고 있다. 특히 경계성 인격장애로 진단받을 정도는 아닌 대부분의 건강한 사람에게도 심리정서적인 경계선이 건강하지 못한 부분이 제법 많다. 대부분의 사람은 일부라도 해당이 된다. 한국 교회가 심리정서적인 경계선을 건강하게 하는 과제를 잘 이루어낸 다면 좀 더 하나님 나라의 본질을 이루는 유익이 있다고 여겨도 된다. 건강한 경계선을 가진 성도의 삶도 희열과 행복으로 가득 차게 된다. 대인관계도 달인이 된다. 뿐만 아니라 신앙도 진리가 주는 자유로 춤추게 된다. 금방금방 성장한다. 혼자서도 행복하고 더불어 함께도 행복한 삶을 누리게 된다.

1. 경계선 인격장애, 우리를 어둡게 덮고 있다

신앙생활을 오래 해도 성장이 되지 않거나 감정 기복이 심한 사람은 대부분 건강하지 않은 경계선을 가지고 있다. 대인관계가 힘든 사람들도 공동체 생활이 힘든 사람들도 대부분 건강하지 않은 경계선을 가지고 있다. 특히 목회자나 중직, 헌신하는 사람이 좀 더 심하게 경계선이 건강하지 않다. 심하면 경계선 인격장애가 된다.

우리 안에도 교회 안에도 너무 많고 흔하게 있다. 그렇게 어둡게 많이 덮고 있는 것에 비해 제일 잘 모르고 잘 대처하지 못하는 것이 건강한 경계선을 가지는 노력이다. 만약 방치하면 공황장애, 우울증, 조울증, 관계 중독, 일 중독, 스마트폰 중독, 분노조절 어려움, 극단적 사고와 감정을 표출, 감정 기복이 심함, 한 사람에게 지나치게 의존, 자학적 감정과 행동, 신앙 성장이 멈춤, 주변 사람을 힘들게 함, 건강한 대인관계가 어려움 등으로 병이 많이 걸리게 된다.

경계선 인격장애 단어 정의

'경계선(borderline)'이라는 말은 원래 신경증(가벼운 심리 문제)과 정신증(심각한 정신질환) 사이의 중간, 즉 경계라는 뜻에서 나왔다. 물론 그러다 보니 나와 다른 사람의 심리적 거리를 지나치게 가깝게 여겨 집착하게 되는 경우가 많다. 반대로 더 가깝게 해야 할 때는 멀리하는 대인관계의 어려움과 기복이 심한 것도 포함한다. 지나치게 의존하거나 지나치게 거리를 두는 현상도 경계선이 건강하지 못한 증세이다.

경계선 인격장애로 인한 공동질환

경계선에 어려움을 가진 사람들의 핵심 특징은 자기 정체성, 즉 자신이 누구인지에 대한 감각이 불안정하다. 이런 관계 패턴은 종종 공동의존(codependency)이나 관계 중독으로 이어지기도 한다. 그리고 경계선 인격장애를 가진 사람은 다른 문제(공동질환)들도 함께 겪을 수 있다. 집착, 강박, 완전주의, 결벽증, 조현병, 충동조절장애, 분노조절 문제, 우울증, 조울증, 공황장애, 스마트폰 중독, 게임 중독, 물질 중독(술, 약물 등), 성 중독, 화병, 종교 중독, 관계 중독, 일 중독 등이다.

2. 경계선이 건강하지 못한 예가 우리와 주변에 많다

연애에서 경계선이 건강하지 않은 경우

상대방을 처음엔 이상화하다가 조금만 실망하면 "넌 날 버릴 거야!"라며 관계를 단절하는 경우이다. 또한 너무 쉽게 나쁜 연인에게 마음과 몸을 모두 주게 된다. 헤어지고 금세 또 다른 연인을 사귄다. 자해나 협박이나 집착, 성적 매력으로 상대의 관심을 끌기도 한다. 연애 중에도 극단적인 감정표현을 한다. 연애 초반은 매력적이게 되나 연애 중반부로 가면서 집착이나 회피 등으로 관계가 더 좋지 않게 된다. 다른 많은 사람과의 대인관계도 힘겨워진다. 그러면서 동시에 버림받는 것에 대한 극심한 두려움을 가지고 있어 혼자서도 행복하게 살지 못한다. 그래서 또 다시 나쁜 남자나 나쁜 여자에게도 쉽게 끌리고 다시 만나기를 애원한다. 삶은 더욱 외롭고 억울하고 불안해져 간다. 연애에서 경계선이 건강하지 않을 때 일어나는 일이다.

목사나 교회 지도자들도 경계선이 건강하지 않은 경우

목사나 교회 지도자들도 경계선이 건강하지 않은 경우가 많다. 교인(따르는 동역자)들의 충성에 지나치게 집착하는 특징을 보인다. 성도나 동역자나 가족에게 비판이나 충고를 받으면 극단적으로 낙담하거나 분노한다. 동료 사역자나 교인을 "이 사람만이 나를 이해해"라고 이상화를 쉽게 한다. 그러다가 약간의 거리감이나 비판이 생기면 '배신자'로 낙인찍고 관계를 끊어 버린다. 정치 성향이나 이념 차이를 복음과의 경계를 구분하지 못하고 신앙과 일치시키는 오류도 범한다.

목사 사모들도 경계선이 건강하지 않은 경우

목사 사모들도 건강하지 않은 경계선으로 인한 문제가 많이 나타난다. 지나치게 남을 의지하고 눈치를 보는 특징이 나타난다. 교회 내 누군가 사모 자신을 따르지 않거나 무관심하면 "사람들이 나를 싫어하는 것 같아…"라며 불안해하고 우울 증세를 보인다. 남편 목사와의 부부 관계에서도 '사랑받지 못한다'는 감정에 자주 빠져 극도의 거절과 외로움을 가진다. 이를 위해 지나친 헌신 또는 조종 행동(감정적 위협, 자살 암시 등)을 보이기도 한다.

특히 교회사역 결과에 너무 매달려 불안이 너무 많이 생긴다. 현재 오늘 임하는 하나님 나라의 누림과 평안이 부족하게 된다.

교사들도 경계선이 건강하지 않은 경우

교사들도 경계선이 건강하지 못해서 일어나는 문제가 있다. 학부모와 동료 교사, 그리고 제자들에게 무시당하거나 비난을 받으면 지나치게 우울해지고 좌절한다. 지나치게 힘들어지고 억울하고 불안해서 일상생활이 무너진다. 아니면 그렇게 안 되려고 지나치게 비굴해지고 자학 수준의 수고와 애씀을 하기도 한다. 아이들에게 이용을 당하거나 지나치게 감정이 휘둘린다.

부모들도 경계선이 건강하지 않은 경우

부모들도 경계선이 건강하지 못한 경우가 많다. 자신의 자녀를 선생님이 학교 적응에 어려움이 있어서 남겨서 상담을 했다. 그런데 나중에 부모가 알고 우리 아이가 큰 잘못도 없는데 왜 남겨서 상담을 하냐고 분노를 표출한다. 상담으로 자녀가 좋아짐에도 바른 판단을 못하고 감정 조절을 못한다. 자신이 아이와 경계가 없어 아이 문제를 자신의 문제로 여긴 까닭이다. 부모 자신이 더 모독감과 불만을 가진 현상이다. 학교 학폭위에 제출된 자녀들끼리의 문제도 자기 자녀의 문제는 보지 못하고 상대 자녀만 나쁘다고 하면서 분노와 감정을 폭발하는 것도 마찬가지로 경계선이 건강하지 못한 부모이다.

또 다른 경계선이 건강하지 못한 부모의 경우이다. 자녀가 진로를 정하고 꿈을 꿀 때 부모가 못다 이룬 꿈을 강요하거나 남들이 보기에 좋은 직업을 강요하는 현상이다. 자녀의 강점이나 재능을 살려 자녀의 사명을 찾아주는 바른 사랑을 하지 못한다. 자녀가 너무 가까워 자신과 하나가 되어 자녀 중심으로 자녀를 보지 못하고 자기 중심으로 자녀를 사랑하는 현상이다.

"우리 아이가 시험 망쳤대." 이럴 때 부모가 더 속상해하고 분노한다. 자녀의 실패에 엄마(아빠)가 과도하게 감정이입하고 좌절함이다.

"우리 아들은 절대 그럴 아이가 아니에요!"라고 말한다. 자녀의 잘못조차 인정하지 못하고 엄마(아빠) 자신의 자존심처럼 반응함이다.

자녀가 친구에게 배신당했을 때, 자녀 스스로 해결하게 하지 않고 엄마(아빠)가 더 앙심을 품거나 나서서 해결한다. 자녀보다 더 오래 감정에 머물며 미워한다.

자녀가 친구와 갈등을 겪자 대신 전화를 걸어 해결하려 한다. 자녀의 문제에 직접 개입하여 해결하려 한다. 자녀 문제와 부모 문제가 분리되지 못함이다.

자녀의 성적이 곧 엄마(아빠) 자신의 성취로 느껴진다. 자녀의 성적이나 입시 결과로 자신을 평가한다.

자녀의 미래 진로에 집착한다. 자녀의 꿈과 진로를 엄마(아빠)가 정해 주려 하는 행위이다. 이는 자녀가 소유가 되거나 지나치게 밀착되어 자녀와 자신이 분리되지 못함이다.

자녀가 실수했을 때 스스로 "내가 잘못 키운 것 같다"고 자신을 지나치게 자책함이다. 이는 자녀와 엄마(아빠) 자신의 경계를 구분하지 못하고 책임을 구분하지 못함이다.

특히 아빠들보다 엄마들이 과잉 동일화하기 쉽다. 경계선 인격장애가 많다. 그 이유는 엄마들에게 무의식적 자기 투사가 더 많이 이루어지기 때문이다. 자신의 어린 시절 상처나 결핍을 자녀를 통해 보상받고 싶어 함이다. 경계의 모호함 때문이다. '나는 엄마니까 자녀와 하나이다'라는 잘못된 생각을 한다. 이런 엄마는 자아의 미성숙도 건강한 경계선을 자녀와 유지하지 못하는 원인이다. 자신의 정체성이 자녀의 성취와 상태에 의존할 때 일어난다. 사회와 교회의 압박으로 "좋은 엄마 = 잘된 자녀", "좋은 신앙 = 성공한 자녀"라는 잘못된 문화적 프레임과 신앙적 프레임에 매였다. 엄마의 애착 불안이다. 자녀가 독립하면 자신이 버림받는다는 두려움을 갖는데 엄마가 하나님과 충분한 친밀감을 느끼지 못하고 하나님 나라를 누리지 못하기 때문이다. 하나님의 딸로서의 자유와 풍성함이 없고 자녀가 잘되는 것으로 자기 존재를 가지기 때문에 자녀가 우상이 되는 현상이다.

과잉 동일화를 가진 엄마로 인해 자녀에게 심각한 문제점이 생긴다. 자녀의 자율성과 독립성이 훼손되고, 엄마 자신도 지쳐버리거나 정체성 혼란이 온다. 자녀가 책임을 회피하는 삶을 살거나 죄책감을 가지고 살게 된다. 부모와 갈등이 심화되고, 자녀 스스로 감정 폭발이 잦으며 조절이 어렵다. 건강한 대인관계가 어렵게 되고 건강한 정서적 경계가 무너지게 된다. 신앙에서도 하나님 나라를 누리기보다 의무와 책임만 남는다.

자녀는 엄마(아빠)의 소유가 아니다. 성경은 자녀를 하나님의 유산(시 127:3)으로 보고, 부모는 자녀를 맡은 청지기이다. "자식들은 여호와의 기업이요 태의 열매는 그의 상급이로다"(시 127:3). 자녀를 통해 자신을 실현하려 할 때, 하나님 자리에 자신을 두는 죄에 빠질 수 있다. 부모는 자녀를 존재 자체로 축복하고, 하나님께 인도하는 역할을 감당해야 한다. 자녀의 삶을 대신 결정하고 대신

걱정하면 안 된다.

3. 경계선 인격장애를 성경적 시각으로 새롭게 보자

경계란, 양면성이 있다. 먼저 경계선이 적절하고 건강할 때는 벽이 아니라 울타리가 되어 준다. 자기를 보호하고, 타인에게 학대를 받지 않도록 처신하게 한다. 그러면서도 타인을 존중하며 대인 관계를 일관되게 잘하는 균형과 힘을 가지게 된다. 하나님 앞에 진실하게 서는 공간도 만들어 준다. 하나님 역할과 나의 역할도 잘 구분하여 신앙도 잘 성장한다. 하나님도 우리에게 자기와 타인을 분별하고 책임지도록 하셨다(갈 6:2-5).

공동체적 사랑 안에서 서로의 짐을 지는 책임을 적절하게 하면서도 공동체를 누리기도 한다(갈 6:4). 그러나 동시에 각자가 져야 할 자기 짐은 스스로 져야 한다는 개인 책임도 가지는 것이 건강한 경계선을 가진 사람이다.

예수님은 "좋거나 나쁜 사람"으로 단순하게 보지 않으시고, 긍휼과 사랑의 눈으로 바라보신다. 예수님은 누구보다도 버림받은 자, 마음이 병든 자, 정체성을 잃은 자들에게 다가가셨다. 그들을 외면하지 않으시고, 그들의 마음속 깊은 갈망에 응답하셨다. 하나님은 우리의 중심이 흔들릴 때도 끝까지 우리를 포기하지 않으신다.

힘든 이들을 도울 때 경계선은 양면 중에 잘 조절하지 못하면 어두운 면이 작동할 수도 있다. 선한 의도로 하더라도 '구세주'처럼 이상화되게 해서는 안 된다. 또한 갈등이 생기면 '배신자'처럼 취급받을 수도 있음을 잘 알고 미리 어느 정도 거리를 두어야 한다. 그래서 감정적 동요에 휘말리지 않도록 분별력과 인내가 꼭 필요하다. 이처럼 경계선은 양면성이 있다. 불처럼 너무 가까우면 화상을 입고 너무 멀면 춥다. 그래서, 경계선을 적절하게 잘 조절하고 균형을 잡는다면 진리와 사랑 안에서 자유롭고 건강한 관계를 누릴 수 있다.

4. 건강한 경계선을 보이는 성경에 있는 방법

예수님이 하신 건강한 경계선을 유지하는 방법을 알자.

예수님은 경계선을 건강하게 가지고 계셨다. 사람들이 계속 따라다녀도 때로는 사람들을 떠나 조용히 기도하러 가셨다(막 1:35). 모든 사람의 요구를 다 들어주지 않으셨다. 요한복음 6장에서 떡을 달라는 무리를 떠나신 것이 그것이다. 마리아와 가족의 요구에도 자신의 사명을 분명히 하셨다(마 12:46-50). 사람의 요구를 기준으로 살지 않고, 사명과 정체성에 따라 삶을 조율하심으로 경계선을 잘 유지하셨다.

예수님은 그림의 원처럼 1번-너무너무 친밀한 그룹, 2번-매우 친밀한 그룹, 3번-대체로 친밀한 그룹, 4번-어느 정도 친밀한 그룹, 5번-가볍게 친한 그룹, 6번-저항이나 반대 그룹으로 경계가 건강했다. 변화산에 데리고 올라간 베드로와 야고보와 요한이 1번, 가족과 9명의 제자가 2번, 70명의 제자가(눅 10장) 3번, 부활 후 제자가 된 500명이 4번, 많은 무리가 5번, 바리새인과 서기관, 대제사장과 종교 지도자, 고향 사람, 로마 사람이 6번 그룹이다.

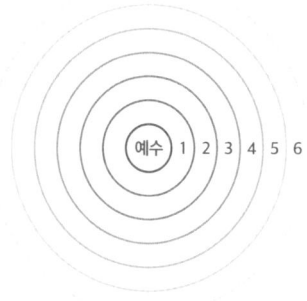

1번 그룹은 부활하고 승천 후 다음 위임 사역에 예수님과 친밀감과 변화산 체험 등이 도움이 되기에 그렇게 하신다. 본인들도 예수님에 대한 이해와 사랑이 더 컸다. 2번 그룹을 변화산 위에까지는 데리고 가지 않음은 본인들의 믿음이 덜 준비 됨과 변화산 체험이 도리어 짐이 되고 예수님의 십자가 사역에 도움이 되지 않을 일들이 생길 가능성이 높았을 것이다. 차별이 아니라 구별과 배려로 건강한 경계선을 가진 예수님이다. 우리도 예수님처럼 1번에서 6번 그룹을 잘 구분하여야 한다. 2~4번 그룹이 너무 없어도 안 된다. 1번 그룹을 2~4번처럼 대해서도 안 된다. 2~4번 그룹을 너무 1번처럼 대하여도 물론 안 된다. 그룹의 경계에 맞게 시간과 에너지를 유지하는 능력이 건강한 경계선이다.

바나바의 건강한 경계선을 배우자

바나바는 사람을 품는 따뜻한 마음(개방성)과 분별력 있게 관계와 사역을 결정하는 기준(경계선)을 함께 지닌 균형 잡힌 리더였다. 그는 갈등이 있는데도 상처 주지 않고도 분리할 수 있었다. 사랑하면서도 자기 소명을 지킬 수 있는 성숙한 경계선의 모범이다. 특히 본인이 담임 목회자로 있는 안디옥교회에서 기꺼이 바울을 탑 리더(Top leader)로 자원하여 섬겼다. 열방 선교를 이루시려는 하나님의 소원을 가진 바나바도 건강한 경계선이다. 자기 역할과 바울의 역할을 잘 구분하였다. 하나님과의 경계선이 건강한 바나바가 사람과의 경계선도 건강하게 유지하며 사역을 협력하는 진정한 하나님 나라를 보여 주었다. 우리도 바나바의 건강한 경계선을 가지자. 나와 다르거나 뛰어난 사람을 과감하게 세워 주고 인정하고 칭찬하자. 동시에 자신도 가진 은사와 사명을 기뻐하고 감사하며, 열등해하거나 위축되지도 말자.

5. 경계선 인격장애 진단 기준

1) 당신은 자주 극단적인 기분 변화를 경험하나? 예를 들어, 몇 시간 동안 기쁨에서 깊은 슬픔이나 분노로 빠르게 변하는가? ( )

2) 대인관계가 불안정함. 당신은 가까운 사람들과의 관계에서 심한 갈등을 겪고, 상대방을 이상적으로 여기다가도 곧 실망하거나 배신감을 느끼며 관계를 끊는 경우가 있는가? ( )

3) 당신은 자신의 이미지나 정체성을 일관되게 유지하기 어려워 하고, 자주 자존감이 낮아지거나 자신에 대한 인식이 변하는가? ( )

4) 자해, 금전 문제, 약물·물질 남용, 식이장애, 무모한 운전, 성적 무모함 등의 자기 파괴적인 충동적 행동을 한 적이 있는가? ( )

5) 당신은 지속적인 공허감이나 허무함을 자주 느끼는가? ( )

6) 감정이 불안정. 당신은 자주 과도한 분노를 느끼고, 이를 조절하기 어려워 폭발적인 행동, 화, 분노 조절을 못하고 쉽게 감정을 표현하나? 외부환경에 너무 쉽게 반응하고 극단적이 되는가? 극심한 스트레스를 받을 때 현실감이 떨어지거나(관계망상), 자신이나 주변 환경이 비현실적이라고(해리 증상) 느끼고 있는가? ( )

7) 자살 생각, 자살 시도, 자살 표현, 자살 위협을 한 적 있는가? ( )

8) 당신은 실제로 또는 상상 속에서 버림받는 것에 대한 강한 두려움을 느끼는가? 버림받지 않으려고 노력을 하는가? ( )

9) 당신은 타인의 행동이나 말을 자신의 배신이나 거부로 과도하게 해석하는가? ( )

10) 만성적인 무력감을 경험하는가? ( )

> 평가

7개 이상 : 당신은 경계성 인격장애의 특징적인 증상을 많이 가지고 있을 가능성이 크다. 전문적인 진단과 치료를 받는 것이 좋다.

4-6개 : 일부 경계성 인격장애의 특징을 보일 수 있다. 심리 상담을 통해 더 자세한 평가를 받고 잘 해결하는 것이 좋다.

3-1개 : 경계성 인격장애의 주요 증상이 많이 나타나지 않았다. 다른 정신 건강 문제의 가능성을 고려하여 전문가와 상담해 볼 수 있다.

0개 : 경계성 인격장애의 주요 증상이 없다.

6. 경계선 인격장애, 어떤 특징이 있나?

감정의 기복이 심하다

경계선이 건강하지 않은 사람은 기분이 좋다가도 갑자기 깊은 슬픔이나 분노로 바뀌는 일이 자주 일어난다. 마음의 중심이 매우 불안정하다. 가장 두려워하는 것은 누군가에게 버림받는 것이다. 혼자 있을 때는 심한 외로움과 허전함, 우울감을 느낀다. 반면에, 갑자기 충동적으로 행동해서 필요 이상으로 돈을 쓰거나, 성적으로 문란한 행동을 하거나, 술이나 약물에 의지하기도 한다. 이런 불안정한 마음은 자신과 타인을 모두 지치게 만든다.

관계에서 갈등이 잦다

경계선이 건강하지 않은 사람은 처음엔 누군가를 너무 좋게 보다가도, 작은 실망으로 인해 금세 등을 돌리고 적대적으로 변하기도 한다. 관계를 유지하는 것이 어렵고, 가까운 사람과의 갈등이 반복된다. 그렇다 보니 모순된 인간관계를 하게 된다. 이들은 다른 사람의 사랑과 관심을 매우 갈망한다. 하지만 정작 가까워지면 불안해져서 스스로 관계를 망치기도 한다. 상대방이 기대만큼 반응하지 않으면 깊은 상처를 받게 된다. 그 상처가 분노로 터져 나오며 상대방을 비난하거나 갑작스럽게 차단하는 행동으로 이어진다. 사랑받고 싶은 마음과 두려움이 함께 움직이기 때문에 관계가 오래 유지되기 어렵다.

지나치게 잔소리가 많거나 과도한 기대를 하거나 상대에게 집착하는 부부나 부모, 자녀도 결국 갈등을 많이 일으킨다. 나 혼자는 불행하여 기대하는 타인의 사람으로만 의미 있기에 집착과 과도한 의지와 과도한 요구나 잔소리를 하게 된다.

자아 정체감이 불안정하다

경계선이 건강하지 않은 사람은 스스로에 대한 생각이나 정체성이 자주 바뀐다. 특히 자존감도 낮아진다. "나는 누구인가?"에 대한 답을 정확하게 내리기 어려워한다. 자신이 누구인지, 무엇을 좋아하고 어떤 가치를 따라야 하는지 명확하지 않다. 그러다 보니 자신에 대한 혼란과 갈등과 불만이 높아진다. 이렇게 되면 상황에 따라 말이나 행동, 기분이 자주 바뀌게 된다. 자기 자신에 대한 생각이 뚜

렷하지 않고, 자기주장도 약하거나 없다. 부당한 경우에도 "싫어요"라고 말하지 못한다. 죄책감과 거절 받을 것에 대한 두려움 때문에 부탁을 거절하지 못한다. 그러다 보니 항상 남에게 맞춘다.

이처럼 자기 자신이 누구인지에 대한 바른 중심이 없으면, 다른 사람의 평가나 반응에 쉽게 휘둘리고 남의 눈치를 많이 보게 된다.

충동적인 행동이나 예측하기 어려운 행동을 한다
경계선이 건강하지 않은 사람은 감정의 고통을 참지 못해 자해, 낭비, 무분별한 성생활, 약물 남용, 무모한 운전 등 충동적인 행동을 하기도 한다. 이런 행동은 순간적으로 감정을 해소하려는 시도지만, 후회로 이어질 때가 많다. 예측하기 어려운 행동을 자주 한다. 그러다 보니 행동도 일정하지 않게 된다. 예를 들어, 어떤 날은 단정하고 멋지게 차려입지만, 다른 날은 지저분하고 무관심한 모습을 보이기도 한다. 그날그날 기분이나 관계 상황에 따라 외모나 행동이 확 달라진다.

마음속이 공허하다
경계선이 건강하지 않은 사람은 마음속이 공허하다. 왜냐하면 자기의 행복과 불행이 다른 사람에 의해 결정되기 때문이다. 혼자서 잘 지내지 못하고 혼자서는 행복하지 못하기 때문이다. 타인에 의한 자신만 있다. 그러다 보니 아무리 외부 자극을 받아도 속이 텅

빈 듯한 허전함이 계속된다. 이 공허함을 견디기 어려워 극단적인 행동으로 표출되기도 한다.

분노 조절이 어렵다

경계선이 건강하지 못한 사람은 타인에게 지나치게 의존되어 있으니 자기 기준대로 상대가 이루어 주지 않거나 상대가 배반할 때는 더욱 억울함이 많아진다. 그래서 분노를 참지 못한다. 감정을 폭발적으로 표현하는 경우가 많다. 이로 인해 그토록 두려워하던 거절을 대인관계에서 받게 된다. 대인관계에서 자주 오해와 갈등도 깊어진다.

극단적인 생각과 감정을 가진다

경계선이 건강하지 않은 사람은 한 가지 상황에서도 "전부 괜찮아" 또는 "완전히 망했어"처럼 흑백논리로 생각하는 경우가 많다. 사람에 대해서도 '완벽한 사람'이라고 여기다가 조금만 실망하면 '완전히 나쁜 사람'으로 바꾸어 본다. 이런 사고방식은 감정 기복을 더 심하게 만든다. 사람을 너무 좋게 여기거나, 너무 싫다고 여기는 극단적인 판단을 한다. 나아가 한 사람에 대해서도 "너무 싫다", "너무 좋다"를 반복한다. 그래서 가까운 사람들을 지치게 하고 회피하게 만든다.

과도한 책임감을 가진다

경계선이 건강하지 않은 사람은 다른 사람의 감정이나 삶을 자신이 책임지려 한다. 좋게 말하면 착한데 반대편에서 보면 너무 심해 자기 학대적인 면이 있다. 그러다 한계에 이르면 억울함과 분노가 생긴다. 우울증이나 공황장애에 쉽게 노출된다. 번아웃증후군과 과로가 심하게 찾아온다. 잘 해결하지 못하면 무기력증에 빠진다.

자기 보호가 부족하다

경계선이 건강하지 않은 사람은 무례하거나 해로운 사람에게도 계속 관계를 유지한다. 나의 생각, 감정, 시간, 몸을 지키지 못한다. 취미나 운동이나 건강이나 자기관리를 잘하지 못한다. 남을 지나치게 배려하다 자신을 괴롭히는 모습이다. 상대가 힘들어하면 무조건 도와줘야 한다고 느낀다. 자기 자비력이 부족하다. "이만하면 괜찮아!", "수고했어"라는 자기만족이 부족하거나 없다.

감정적으로 상대에게 얽매인다

경계선이 건강하지 않은 사람은 누군가의 감정에 과하게 영향을 받는다. 상대의 기분이 안 좋으면 나도 불안해진다. 상대가 내가 원하는 대로 안 하거나 변화되지 않는다고 매여서 자신의 삶을 살지 못한다.

조작과 통제의 경계가 분명하지 않다

경계선이 건강하지 않은 사람은 다른 사람을 과하게 통제하거나 조작하려고 한다. 부모가 자녀에게, 자녀가 부모에게 자기 역할과 책임을 구분하지 못하고 통제한다. 자녀가 자기 일을 하지 않고 자기 책임을 다하지 않으면서 무조건 부모에게 강요하고 요구하는 것, 자녀가 일어나고 공부하고 학교 가고 용돈 관리하고 폰 관리하고 친구 사귀는 일을 너무 간섭하고 지나치게 부모가 시키고 요구하는 것도 경계선이 건강하지 않다.

7. 경계선 인격장애 원인을 알면 해결 방법도 시원하게 보인다

어린 시절의 불안정한 애착 관계

경계선 인격장애는 주로 어린 시절 부모나 주 양육자와의 관계에서 형성된 경우가 많다. 엄마가 나를 잘 돌볼 때는 '엄마는 좋은 사람'이라고 느끼고, 엄마가 나를 혼내거나 무시하는 것처럼 느껴지면 '엄마는 나쁜 사람'이라고 생각한다. 건강하게 자라나면 이런 '좋고 나쁨'이 함께 있는 현실을 자연스럽게 받아들이게 된다.

하지만 경계선 인격장애의 경우, 이런 감정의 통합이 제대로 이루어지지 않아, 사람을 한번에 '좋거나 나쁘거나'로만 나누게 된다. 엄마에게 애착과 신뢰 관계가 부족하면 불안과 외로움과 억울함이 계속 영향을 준다. 특히 '버림받을지도 모른다'는 거절의 두려움이 마음속에 깊이 새겨진 채 자란다. 나중에 어른이 되어서도 누군가와 가까워지는 것이 너무 좋으면서도 동시에 너무 두려움을 느낀다.

외상 경험과 양육의 부족

경계선 인격장애를 가진 사람들은 어릴 때 충격적인 일을 겪은 경우가 많다. 예를 들어, 말로 심하게 혼나는 언어적 학대, 때리는 신체적 학대, 부적절한 신체 접촉 같은 성적 학대, 부모의 무관심이나 방임, 또는 부모와의 이별이나 상실, 부모의 잦은 싸움 같은 일이 이에 해당한다. 이런 상처들은 마음속에 "세상은 안전하지 않다", "나는 사랑받을 수 없는 존재다" 같은 부정적인 믿음을 갖게 한다. 이로 인해 마음속에는 불신, 두려움, 불안, 자기 비하, 열등감, 외로움, 의존과 공격 사이에서 갈팡질팡하는 내면의 갈등이 많게 된다.

왜곡된 생각과 믿음

"세상은 위험하고 악의로 가득 차 있다." 사람들을 쉽게 믿지 못하고, 항상 조심하며 경계하려고 한다.

"나는 약하고 상처받기 쉬운 존재다." 자신이 힘이 없고 나약하다고 느껴서, 늘 불안하고 쉽게 움츠러든다.

"나는 원래 사랑받을 수 없는 존재다." 이런 생각은 다른 사람에게 마음을 쉽게 열지 못하게 하여 결국 더 큰 외로움에 빠진다.

그래서 세상과 사람을 흑백논리로 바라보는 경향이 있다. 사람을 '좋은 사람' 아니면 '나쁜 사람', 상황을 '천국' 아니면 '지옥'처럼 극단적으로 판단한다. 누군가를 아주 좋아하다가도, 그 사람의 말 한 마디, 행동 하나에 갑자기 미워하고 공격하는 일이 반복된다.

성경적인 세계관에서 원인을 보면

성경에서 말하고 있는 심리정서적인 건강한 경계선이 부족한 원인은 다른 원인보다 근본적으로 하나님을 떠난 인간의 불안과 수치심에서 원인을 가진다고 본다. 우리 안에 있는 상처와 갈망, 그리고 불안정한 마음의 구조가 생긴다. 경계선 인격장애는 단순한 성격의 문제가 아니라, 하나님의 사랑을 갈망하면서도 버림을 받을까봐 두려워 떨고 있는 마음의 고통이 그 뿌리이다. 따라서, 예수님 안에 온전히 거하면 충분히 해결된다. 예수님은 상처보다 크다.

8. 경계선 인격장애의 상담과 치료

건강한 경계 훈련(Boundary Training)을 하자

1) 자신의 감정과 필요를 인식하기

"나는 지금 무엇이 불편한가?"를 자주 점검하자. 자신의 한계를 인식하는 것이 건강함의 시작이다.

2) "아니요"라고 말하는 연습하기

"NO"라고 말하는 것은 죄가 아니다. 정중하지만 분명하게 말하는 훈련을 하자. "그건 어려울 것 같아요. 대신 제가 할 수 있는 건

이것입니다."

3) 책임의 경계 구분하기

나는 내 감정과 행동에 책임지고, 남의 감정과 행동까지 책임지지 말자. "이건 내가 책임져야 할 일이 아니야"라는 분별이 필요하다.

4) 자기 보호를 위한 물리적, 심리적 거리 두기를 하기

반복적으로 상처 주는 사람과 거리를 두는 것도 건강한 선택이다. 거절과 거리 두기는 '미움'이 아니라 '지혜'이다. 자기 보호이다. 나중에 상대도 더 유익하다.

5) 일관성 있는 태도 유지하기

한 번 정한 기준을 상황 따라 바꾸지 말고, 일관되게 지키자. 처음은 힘들지만, 시간이 지날수록 관계가 더 건강해진다.

6) 하나님 앞에서 나의 정체성을 회복하기

"사람들에게 좋게 하랴 하나님께 좋게 하랴?"(갈 1:10), 건강한 경계선은 사람 중심이 아니라 하나님 중심이 될 때 명확하게 세워진다. 하나님이 나를 사랑하신다는 확신이 있어야, 사람에게 인정받으려는 압박에서 벗어날 수 있기 때문이다.

7) 예수님이 세우신 건강한 경계선을 방법을 잘 따르기

예수님은 모든 사람을 사랑하셨지만, 모든 요구에 다 응답하지 않으셨다. 무리에게 둘러싸였을 때, 기도하시려고 혼자 산에 올라가셨다(막 1:35). 때로는 침묵하셨고 때로는 물러나셨다. 때로는 싫어하는 고향 사람들에게 가는 것을 적게도 하셨다. 예수님의 사랑은 경계가 있는 사랑이었다. 우리도 그렇게 해야 한다. 완전주의와 강박적임이 경계선 장애로 불행하게 하기 때문이다.

8) 지혜롭게 대하는 사랑을 배우기

"너희는 뱀같이 지혜롭고 비둘기같이 순결하라"(마 10:16). 무조건적인 희생이나 무기력은 성경적 사랑이 아니다. 지혜롭게, 때로는 거리를 두고 기도하면서 사랑하는 것이 진짜 사랑이다. 자신도 잘 돌보면서 오래 타인을 사랑하는 것이 바른 사랑이다.

심리상담으로 잘 돕자!

경계선 인격장애를 가진 사람들에게 가장 기본적이고 널리 쓰이는 치료 방법은 개인 심리상담이다. 하지만 이들은 감정이 불안정하고 사람들과의 관계가 자주 흔들리기 때문에, 상담자 입장에서 보면 상당히 어려운 대상이 되기도 한다.

왜냐하면 내담자가 상담자와의 관계 안에서도 과민하게 반응하거나 오해를 자주 하고, 때로는 공격적인 태도를 보이기도 한다.

약속을 지키지 못하거나, 자해나 자살을 암시하며 심리적으로 위기를 자주 겪는 경우도 있다. 때로는 상담자에게 너무 많은 요구를 하고, 한순간에 등을 돌리기도 하기 때문이다.

그래서 상담자는 감정적으로 휘둘리지 않도록 솔직하고 분명한 태도를 유지해야 한다. 불안정한 행동을 보이더라도, 흔들림 없이 안정된 태도로 내담자를 지지해야 한다. 그 안에서 신뢰와 치료적 관계를 세워 가야 한다.

내담자가 가지는 마음의 힘, 즉 자아 강도에 따라서 상담 접근 방식도 달라져야 한다. 마음이 약하고 상처가 많다면 부드럽고 지지적인 상담이 더 적합하다. 자아가 비교적 건강한 경우에는 문제의 뿌리를 파고드는 통찰 중심의 상담이 도움이 된다.

> "주께서 상심한 자들을 고치시며, 그들의 상처를 싸매시는도다"
> (시 147:3).

하나님은 우리의 복잡하고 아픈 마음도 깊이 아시고, 친히 회복의 손길을 내미신다. 상담은 하나님의 치유하심과 회복의 통로가 될 수 있다.

정신역동 상담과 치료도 초기 상담에는 효과가 있다.

정신역동 치료는 어린 시절에 형성된 애착(사랑받고 안전하다고 느끼는 감정)의 손상에서 비롯된 무의식적인 갈등을 다루는 치료이다. 크게 3가지 목표를 가지고 진행한다.

① 내면을 강하게 만들어 주는 것 – 불안을 이겨내고, 충동을 조절할 수 있도록 돕는다.

② 자기와 타인에 대한 왜곡된 인식을 바로잡는 것 – 스스로를 너무 나쁘게 보거나, 타인을 전부 좋은 사람 혹은 나쁜 사람으로만 보는 흑백적인 사고에서 벗어나도록 돕는다.

③ 따뜻하고 긍정적인 관계의 기억을 심어주는 것 – 중요한 사람과 떨어져도 견딜 수 있도록, 마음속에 안정적인 내면 이미지를 형성하게 한다.

"내가 너를 모태에 짓기 전에 너를 알았고"(렘 1:5).

하나님은 우리 존재의 깊은 뿌리까지 알고 계시며, 왜 우리가 지금처럼 살아가게 되었는지를 가장 잘 아시는 분이다. 깊은 상담은 하나님의 사랑 안에서 왜곡된 자기 인식을 회복하는 데 도움이 된다.

인지행동상담으로 실용적이고 효과적으로 돕자

인지행동상담이나 치료는 경계선 인격장애를 가진 사람들에게 매우 효과적인 치료 방법 중 하나이다. 이 상담은 생각과 행동을 현실에 맞게 조정하고, 감정 조절 능력을 키우는 데 초점을 둔다.

재구성적 상담(Reconstructive Therapy)이 대표적이다. 재구성적 상담은 내담자의 성격 깊은 곳까지 다룬다. 마음속 깊이 자리 잡은 왜곡된 생각이나 감정을 바로잡고, 새로운 성숙한 인격으로 자라날 수 있도록 돕는다. 이 상담은 뿌리를 치료하는 '뿌리치료'라고도 불린다. 특히 관계에서 반복되는 갈등이나 왜곡된 반응을 다룬다.

하지만 이 방법은 아무에게나 적용해서는 안 된다. 경계선 인격장애의 경우 내담자의 상태나 준비 정도, 상담사의 경험 등을 신중히 고려해야 한다. 잘못 접근하면 오히려 마음을 더 다치게 할 수 있다. 이 상담은 하나님께서 우리 내면을 새롭게 하시는 과정과 닮았다. 오래된 사고방식을 벗고, 새사람을 입도록 돕는 과정이다 (엡 4:22-24).

재구성적 상담이 효과적으로 작동하려면 다음 3가지가 중요하다.

① 상담자의 충분한 경험과 분별력
② 내담자의 변화에 대한 진지한 동기
③ 내담자가 가지고 있는 심리적인 회복력

첫째, 처음에는 관계 형성부터 시작한다. 처음부터 깊고 개인적인 상처를 건드리기보다는, 지금 당면한 구체적인 문제를 함께 해결해 가며 상담자와 신뢰를 쌓아 간다.

둘째, 흑백논리를 다룬다. '전부 아니면 전무', '사랑 아니면 미움', '다 좋다. 아니면 다 나쁘다' 같은 극단적인 사고 방식을 자각하게 한다. 이게 삶에 어떤 영향을 주는지 살펴본다. 그리고 더 현실적이고 균형 잡힌 생각을 소개하고 비교해 보게 한다.

셋째, 감정 조절 훈련을 돕는다. 감정을 인식하고, 표현하고, 다루는 법을 배운다. 분노, 불안, 고통을 건강하게 다루는 방법을 훈련하며, 자기감정에 휘둘리지 않고 반응하는 연습을 한다. 상담자는 감정을 판단하지 않고 받아 주되, 적절하게 표현하는 방식을 함께 찾아간다.

넷째, 부정적인 믿음을 긍정적으로 바꾸도록 돕는다. '나는 소중하지 않아', '세상은 날 항상 배신해' 같은 깊은 부정적 믿음을 들여다보고, 그것을 조금씩 긍정적인 방향으로 바꾸도록 한다. 심한 경우에는 단기 입원이 필요할 수도 있고, 우울이나 불안이 심할 때는 약물치료를 병행하기도 한다.

> "이 세대를 본받지 말고 오직 마음을 새롭게 함으로 변화를 받아 하나님의 선하시고 기뻐하시고 온전하신 뜻이 무엇인지 분별하도

록 하라"(롬 12:2).

잘못된 생각과 감정 패턴을 고쳐 가는 여정은, 하나님이 우리를 새롭게 변화시키시는 과정이다. 상담은 그 여정에서 동행해 주는 좋은 도구가 될 수 있다.

영적인 상담으로 도우면 효과가 제일 좋다
사랑받기 위해 노력하기보다, 이미 하나님의 사랑받는 자녀라는 정체성을 회복하는 것이 근본적인 회복의 시작이다.

① 무조건적인 수용 – 하나님이 나를 있는 모습 그대로 사랑하신다는 복음적 메시지가 핵심 불안(버림받음)을 덜어 줄 수 있다. 지지적 치료(Supportive Therapy)이다. 내담자가 겪고 있는 불안이나 감정적인 고통을 빨리 덜어 주는 데 집중한다. 감정적으로 불안정한 상황에서 조금이나마 평안을 찾고, 일상생활에 잘 적응할 수 있도록 돕는 것이 목표다.

이 방법은 내담자가 이미 가지고 있는 감정적 방어기제들을 그대로 인정하고 지지해 준다. 또한 스트레스를 주는 외부 환경을 조정해 주는 데 중점을 둔다. 하지만 이 치료는 내담자의 성격 자체를 근본적으로 바꾸려 하지는 않는다. 단기적인 안정과 회복을 돕는 데에 더 가깝다. 이런 치료는 마치 누군가 인생의 폭풍 속에서 우산을 씌워 주는 것과 같다. 복음이 주는 위로처럼, 안전한 공간에서 감정을 회복할 수 있도록 돕는다.

> "우리가 아직 죄인 되었을 때에 그리스도께서 우리를 위하여 죽으심으로 하나님께서 우리에 대한 자기의 사랑을 확증하셨느니라"(롬 5:8).

십자가 대속의 사랑과 십자가에서 예수님이 하신 사랑의 내용을 온전히 이해하고 믿자. 이렇게 해서 조건 없는 사랑을 알고 믿고 누리게 되면 정체성 회복을 가능하게 한다.

② 참된 자아 정체성 - 하나님의 자녀로서의 정체성을 찾아준다. '나는 하나님의 자녀'라는 정체성 선언은 자아의 혼란과 공허감을 치료하는 핵심이다.

> "너희는 택하신 족속이요. 왕 같은 제사장들이요. 거룩한 나라요. 그의 소유가 된 백성이니"(벧전 2:9).

이렇게 불안정한 자기 개념을 하나님의 말씀을 통해 성경적 세계관으로 자기 개념을 재정의한다. 하나님의 자녀, 그리스도의 신부, 하나님이 사명을 맡긴 사명자(일꾼)로 온전히 알고 누리게 되면 불안정한 자기 정체성은 없어지고 회복된다.

③ 관계 회복의 훈련 – 사랑, 인내, 경계를 가지고 꾸준히 공동체의 돌봄을 받으면 감정기복이 없는 평안의 상태로 경계선 장애가 없어진다. 그러기에 공동체 돌봄이 관계회복의 핵심이다. 안전한 신앙 공동체(작은 목장, 기도 모임 등)가 지속적인 정서적 지지를 제공하면 된다.

> "사람이 친구를 위하여 자기 목숨을 버리면 이보다 더 큰 사랑이 없나니"(요 15:13).

> "형제들아 사람이 만일 무슨 범죄한 일이 드러나거든 신령한 너희는 온유한 심령으로 그러한 자를 바로잡고"(갈 6:1).

공동체를 통해 타인과의 신뢰와 회복, 인내의 공동체 훈련이 건강한 경계선을 가지고 지금 여기에서도 천국으로 살게 된다.

④ 말씀과 기도 : 성경 속 하나님의 성품(변치 않음, 인내, 은혜)을 묵상하고 기도로 내면을 주님께 드리는 훈련을 하면 건강한 경계선을 가지게 된다.

⑤ 목회자/상담자/교사/부모의 인내와 경계 설정 : 청소년이나 어른 모두 지도자나 부모나 교사가 무조건적인 사랑을 하면서도 동시에 건강한 경계를 잘 세우는 지혜가 동시에 필요하다. 감정

조종에 말리지 않아야 한다. 책임 소지를 명확하게 한다. 그렇게 살아가는 과정에서 건강한 경계선을 스스로 가지거나 회복하게 된다.

고로,

경계들은 사랑하지 않기 위해서 경계선을 긋거나 차별을 두는 것이 아니다. 오히려 더 잘 사랑하고 오래 섬기기 위해서 필요하다. 그리고 상대를 배려하는 행위가 건강한 경계선을 가짐이다.

CHAPTER 5

가정예배 : 새로운 TMI 시대를 맞이하라

핵심키워드
:
콜드 타임 타파 초석, 가정예배

1. TMI에 매몰된 다음 세대

이노션(INNOCEAN)은 2018년 8월 26일 'TMI : 정보과잉시대의 자유로운 소통 트렌드' 빅데이터 분석 보고서를 발표했다.[01] 이 보고서는 요즘 시대를 정보 과잉의 시대로 정의한다.

정보 과잉은 영어로 TMI, Too Much Information의 약자이다. TMI는 외부로부터 개인에게 유입되는 정보를 뜻한다. 보고서에 따르면, 스마트폰과 SNS 플랫폼의 발달로 TMI의 새로운 버전이 등장했다. 이른바 Toss More Information, "정보의 가치를 부담 없이 자유롭게 소통한다"는 의미를 가진다. 기존의 TMI는 외부 유입 정보였지만, 새로운 TMI는 개인 출력 정보이다. 예전에는

---

01 박소정, 'TMI'는 안물안궁?… "정보과잉시대의 자유로운 소통 트렌드로 떠올라", 뉴데일리경제, https://biz.newdaily.co.kr/site/data/html/2018/08/25/2018082500023.html

개인이 외부로부터 유입되는 정보를 수동적으로 수용했다. 하지만 이제는 스마트폰과 플랫폼 기술을 바탕으로 개인이 정보를 출력하는 능동적인 주체로 바뀌었다. 새로운 소통 트렌드로 TMI는 개인의 일상과 감정 및 경험 등을 남과 공유하길 원하는 현대인의 특성이 반영되어 있다.

개인 출력 정보는 팬덤형, 자기독백형, 지식수다형 3가지 형태로 분류된다.

① 팬덤형 : 팬덤형은 본인의 팬심을 자발적이고 적극적으로 인증하는 방법이다. 이는 단순 정보공유를 넘어 연예인 굿즈를 구매하거나 모방하려는 유형에 속한다. 관련 키워드로는 덕질(2125건), 아이돌(1634건), 굿즈(1458건) 등이 있다.

② 자기독백형 : 소소한 자기 일상을 형식, 소재, 내용에 구애받지 않고 '오늘의 TMI 일기'로 기록한다. 'TMI 자기소개 60문답' 등과 같이 자기애가 넘치는 본인의 프로필, 관심사 등을 공유한다. 오늘(6만 4538건), 친구(2만 7628건), 일상(1만 3436건) 등이 주요 키워드에 해당된다.

③ 지식수다형 : 지식과 경험을 수다스럽게 공유하는 것에 재미와 보람을 느끼는 유형이다. 낯선 지역의 배낭여행 후기, 특정 지역의 24시간 카페 TOP 5 등 자신이 경험하거나 다녀온 장소에 대한 개인적 느낌이나 정보를 공유한다. 관련 주요 키워드로는 정보(9810건), 경험(3830건), 팁(2328건) 등이 있다.

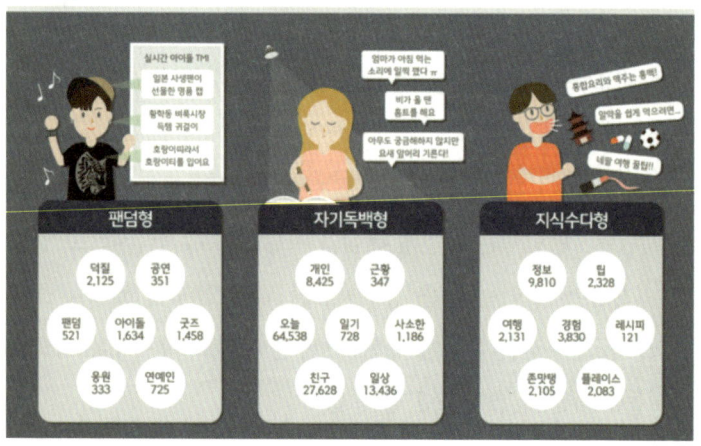

▲ 빅데이터 분석 ⓒ이노션

그래서 요즘 시대는 이전과는 비교할 수 없는 엄청난 양의 정보가 존재한다.

2. 신앙생활의 맥거크 현상

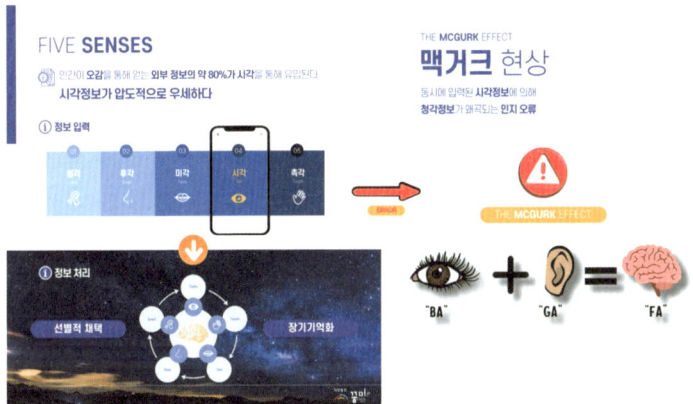

TMI 시대에 다음 세대의 뇌는 분주하다. 외부 정보는 오감을 통해 뇌에 입력된다. 외부에서 입력된 정보의 80%는 시각 정보이다. 시각 정보는 비시각 정보(후각, 청각, 촉각, 미각)를 압도한다. 그래서 시각 정보와 비시각 정보 사이에 인지 오류 현상이 일어나게 되는데 이것이 심리학 용어로 맥거크 현상(McGurk effect)이다. 맥거크 현상은 동시에 입력된 시각 정보에 의해 청각 정보가 왜곡되는 인지 오류 현상이다.[02] 예를 들어, 귀에 '가(GA)'라는 소리가 들

---

02 네이버 지식백과, https://terms.naver.com/entry.naver?docId=272089&cid=41990&categoryId=41990

리고, 이때 말하는 화자의 입 모양이 '바(BA)'라면, 뇌는 '가(GA)'라는 소리를 '파(FA)'라고 잘못 인식한다. 왜냐하면, 시각 정보 '바(BA)'가 청각 정보 '가(GA)'를 압도하기 때문이다. 2000년 노벨생리의학상 수상자이자 미국 콜롬비아 의대 신경과학자 에릭 캔델(Eric Kandel) 박사는 맥거크 현상에 대한 중요한 단서를 제공한다.[03]

> "인간은 오감을 통해 뇌에 유입되는 방대한 정보를 잠자는 시간에 선별한다. 놀라움과 즐거움 등의 강한 자극을 느끼거나 반복적으로 입력되면 장기기억으로 저장된다."

에릭 켄델 박사에 따르면, 놀라움과 즐거움 등의 강한 자극과 반복적 입력이 장기기억화의 중요한 기준이다. 시각 정보는 비시각 정보보다 월등히 강한 자극을 준다. 스마트폰이 일상이 된 다음 세대는 시각 정보에 반복적으로 노출된다. 다음 세대의 시간 활용에 척도가 되는 3가지 시간, 3S 타임이 있다.

우선, 스크립처 타임(Scripture Time)이다. 스크립처 타임은 말 그대로 하나님의 성경 말씀을 읽고 묵상하는 개인 경건의 시간이다. 목회데이터연구소의 『한국 교회 트렌드 2024』에 따르면, 하루에 개인

---

[03] 황농문, 『몰입』, 알에이치코리아, 2024,

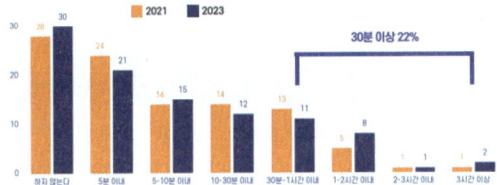

교회출석 청소년의 하루 신앙생활, **5분 이내 51%, 30분 이상 22%!**

[목회데이터연구소, 한국교회 트렌드 2024 조사[청소년](8차) [한국 교회 출석 중고생 500명, 온라인조사, 지앤컴리서치, 2023.05.12-24]

청소년 평균 **수면시간 7.2시간** < 청소년 평균 **인터넷 이용시간 8시간**

[한국언론진흥재단 '2022 10대 청소년 미디어 이용조사 보고서]

CHAPTER 5_ 가정예배 : 새로운 TMI 시대를 맞이하라

경건 생활을 5분 미만으로 하는 기독 청소년이 절반이 넘는다.[04] 일일 개인 경건 시간이 30분 미만인 기독 청소년은 80%에 육박한다. 하지만 스크린 타임(Screen Time)은 이에 비해 압도적이다. 스크린 타임은 스마트폰을 통해서 인터넷을 사용하는 시간을 뜻한다. 청소년의 일일 평균 스크린 타임이 8시간이다.[05] 이것은 일일 평균 수면시간(Sleep Time) 7.2시간보다도 많다.

결국, 스크립쳐 타임과 스크린 타임의 현격한 차이는 들리는 말씀과 보이는 현실의 불일치로 귀결된다. 눈에 보이지 않는 하나님보다 눈에 보이는 세상을 더 크게 느낀다. 다음 세대의 뇌는 일주일에 한 시간 듣는 하나님의 말씀이 아닌 매일 8시간씩 스마트폰으로 보는 시각 정보를 장기기억으로 채택한다. 하나님의 말씀을 들은 대로 믿지 못한다. 눈 앞에 펼쳐지는 상황과 환경이 하나님의 말씀을 판단하는 기준이 된다. 결국, 보이는 현실이 들리는 말씀을 압도한다. 이른바, 신앙생활의 맥거크 현상을 경험하는 것이다.

3. 우문현답 : 우리의 문제는 현장에 답이 있다

출애굽기 1장에는 이스라엘의 TMI 시대가 등장한다. 애굽의 강

---

[04] 목회데이터연구소, 『한국 교회 트렌드 2024』, 2023.
[05] 이세원, "10대 청소년, 하루 8시간 인터넷 사용"…평균 수면 시간과 비슷, 연합뉴스, https://www.yna.co.kr/view/AKR20221201085700005

력한 통치는 이스라엘이 이전에 경험한 적 없는 정보를 양산한다. 이스라엘이 직면한 TMI는 크게 3가지로 정리된다.

첫째로, 인구 절벽이다. 출애굽기 1장 16절 말씀은 이를 잘 설명한다.

> "이르되 너희는 히브리 여인을 위하여 해산을 도울 때에 그 자리를 살펴서 아들이거든 그를 죽이고 딸이거든 살려두라."

애굽의 왕, 바로는 이스라엘의 남아(男兒) 말살정책을 시행했다. 이 잔혹 무도한 정책을 실시한 왕은 애굽의 투트모스(Thutmose) 1세로 추정한다.[06] 투트모스 1세는 이스라엘과 애굽의 가교 역할을 했던 요셉을 전혀 알지 못했다. 역사학자들은 그가 극단적 국수주의를 신봉하였다고 말한다. 투트모스 1세는 식민지 백성인 이스라엘이 지배국가인 애굽보다 커질 것을 우려하였다. 그래서 이스라엘의 남아를 다 죽이려고 했다. 고대 근동 사회에서 남자는 노동력과 군사력을 상징했기에 이스라엘의 남아를 말살시키는 것은 이스라엘의 미래를 말살시키는 것과 같았다. 결국 이스라엘은 인구 절벽으로 인적 파산 상태에 빠지게 되었다.

둘째로, 경제적 빈곤이다. 식민지는 지배국가에 모든 재산이 귀속

---

06 제자원, 『그랜드종합주석』, 성서교재간행사, 1991.

되기 마련이다. 피지배계층의 사유재산권은 법적으로 전혀 보장받지 못한다. 따라서 지금 내가 아무리 열심히 일을 한다 한들, 공정한 수입을 기대하기 어렵다. 따라서 이스라엘 백성들이 이전에 갖고 있던 사유재산은 애굽의 국가재산으로 귀속될 수밖에 없었다. 경제적 빈곤은 피지배계층의 다음 세대가 누릴 교육의 기회마저 박탈하였다.

셋째로, 정체성 붕괴이다. 이스라엘은 자긍심이 엄청난 민족이었다. 그들은 하나님께 선택받은 민족이라는 자존심으로 살았다. 일등 국가, 일등 국민이라는 자부심이 하늘을 찔렀다. 하지만 하나님의 심판으로 애굽의 식민지가 된 이후, 이스라엘의 멘탈은 무너지기 시작했다.

"어려운 노동으로 그들의 생활을 괴롭게 하니"(출 1:14a).

이스라엘은 생존의 멜팅 팟(Melting pot) 속에 갇혔다. 그들은 매일 고된 일상 속에서 극도의 공포와 절망을 경험했다. 애굽을 향해 몸을 곧게 폈던 그들은 얼굴을 숙이고 다리의 힘이 풀려 바닥에 주저앉았다. 그들은 이 고난을 뚫고 나갈 어떠한 동력도 없었다. 그들의 입가에서 미소는 사라졌다. 자신감도 사라진 지 오래였다. 애굽의 눈치만 살피며 두려워하였다. 이스라엘 백성들은 정체성의 붕괴를 경험하였다.

이 3가지 문제로 이스라엘의 신앙은 마비되었다. 눈앞에 펼쳐지는 부정적인 현실에 이스라엘 백성들은 압도되었다. 내게 주신 하나님의 말씀과 전혀 다른 현실 앞에 그들의 믿음은 오작동했다. 무시무시한 남아 말살정책으로 부모는 신앙교육의 사명보다 생존의 문제에 매몰되었다. 가정은 다음 세대에게 신앙을 전수하고 사명으로 세대를 통합해야 한다. 하지만 애굽이 만든 TMI에 이스라엘의 가정은 영적으로 무너졌다. 절망스러운 이때, 성경기자의 시선이 한 곳을 향했다.

"레위 가족 중 한 사람이 가서 레위 여자에게 장가 들어"(출 2:1).

이 대목은 굉장히 중요하다. 부정적인 현실로 가득 찬 시대에 하나님은 가정을 주목하셨다. 이스라엘의 모든 가정이 쓰러지고 넘어지는 위기 속에서 하나님의 소망은 아이러니하게도 가정에 있었다. 이 시대 역시 마찬가지다. TMI에 매몰되어 가정이 무너지고 있는 이 시대에도 하나님의 소망은 바로 우리 가정에 있다. 우문현답(愚問賢答)이다. 우리의 문제는 현장에 답이 있다.

그렇다면, 하나님은 어떤 가정을 주목하실까? 출애굽기 2장 1절 말씀은 이렇게 소개한다. 레위 가족 중 한 사람은 아므람을 뜻한다. 그리고 그가 결혼한 레위 여자는 요게벳이다. 우리가 잘 아는 대로, 이므람과 요게벳 사이에서 모세가 태어났다. 하나님이 주목하신 가정은 바로, 모세의 가정이었다. 하지만 모세의 가정이라고 상황은 크게 다르지 않았다. 모세의 가정 역시 이스라엘의 부정적인 현실의 한복판에 있었다. 모세의 부모는 어찌할 바를 몰라, 모세를 끌어안고 석 달 동안 집 안에 숨는 게 전부였다.

인간의 눈에 지극히 평범한 모세의 가정을 하나님은 비범하게 여기셨다. 하나님의 눈에 모세의 가정이 다른 가정과 구별되는 절대적인 한 가지가 있었다.

4. 모세의 가정 : 가정예배에 목숨을 걸다

모세의 가정은 가정예배에 목숨을 걸었다. 아니 목숨을 걸고 가정예배를 드렸다. 필자는 하나님이 이 점을 주목하셨으리라 확신한다. 우리는 대개 가정예배라고 하면 정형화된 이미지를 떠올린다. 우선, 온 가족이 옷을 단정하게 차려입고 상에 바른 자세로 둘러앉아야 한다. 사도신경부터 시작하여, 찬양, 말씀, 기도, 주기도문으로 끝나야 한다. 이게 우리가 생각하는 전형적인 가정예배의 모습이다. 주일 예배의 축소판과 같다. 주일 예배의 모든 순서가 다 들어가야만 한다. 물론, 그렇다면 너무 좋다. 하지만 문제는 형식에 매여 가정예배를 너무 어렵게 여기게 되고, 점차 가정예배를 드리지 않게 된다.

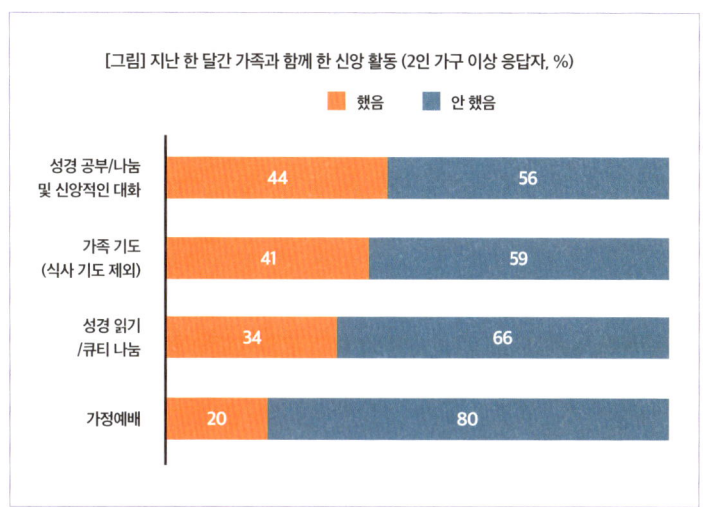

목회데이터연구소는 가정 신앙활동에 대한 설문조사의 결과를 다음과 같이 발표하였다.[07]

목회데이터연구소의 조사결과에 따르면, 가족과 함께 한 신앙 활동으로 '성경 공부/나눔 및 신앙적 대화'가 44%로 가장 높았다. 그 다음으로, '가족 기도' 41%, '성경 읽기/큐티 나눔' 34% 순으로 응답됐다. '가정예배'를 드린 가정은 20%로 가장 낮았다. '성경 공부/나눔 및 신앙적 대화'가 가장 활발한 가정의 신앙 활동이지만 기독가정의 절반에도 못 미치는 44%에 불과했다는 점은 가정의 신앙 활동이 위축되어 있음을 뜻한다. 이에 더해, '가정예배'를 드리는 비율은

---

07 목회데이터연구소, 『새신교인의 신앙 계승 실태』, 2024.

'성경 공부/나눔 및 신앙적 대화'의 절반에도 못 미친다. 가정예배의 저조함의 이유를 면밀히 분석해 볼 필요가 있는 대목이다.

성경은 가정예배의 형식에 대해 집중하지 않는다. 가정예배 드릴 때 "떠들지 마라, 자세를 똑바로 해라" 등과 같은 내용에는 관심이 없다. 성경의 관심은 온 가족이 함께 하나님께 경배했다는 하나의 사건이다. 창세기 12장에는 가정예배의 첫 번째 현장이 묘사된다.

> "그가 그곳에서 여호와께 제단을 쌓고 여호와의 이름을 부르더니"
> (창 12:8b).

아브라함은 고향과 친척과 아버지의 집을 떠났다. 보여진 땅이 아닌 보여줄 땅을 향해 그는 하나님의 말씀에 순종했다. 인간이 보지 못하는 곳에 갈 수 있는 유일한 방법이 있다. 그것은 바로, 그 땅을 보시는 하나님과 시선을 맞추는 것이다. 하나님이 인도하신 가나안에서 아브라함은 여전히 자리를 잡지 못했다. 원주민들이 좋은 곳을 이미 다 선점하여 계속해서 자리를 잡지 못하고 남쪽으로 유랑하던 그때, 아브라함은 제단을 쌓고 하나님께 예배를 드렸다. 특별히, 여호와의 이름을 부르는 것은 하나님을 초대한다는 의미이다. 아브라함은 하나님을 마음의 중심으로 초대했다. 아무 것도 갖춰지지 않은 척박한 현실은 그에게 문제가 아니었다. 아브라함은 자신의 아내 사라와 조카 롯과 함께 하나님께 예배를 드렸

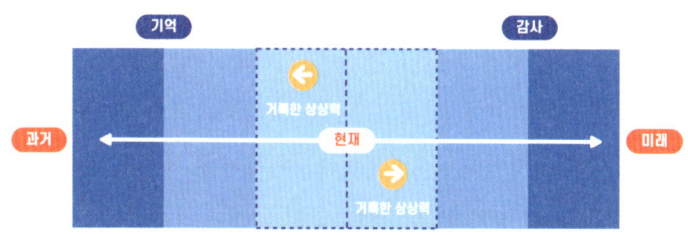

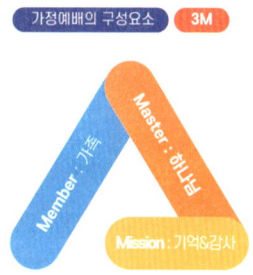

다. 이게 가정예배의 시작이었다.

결국, 가정예배는 형식이 아닌 본질이 중요하다. 가정예배는 주일예배의 축소판이 아니다. 가정예배의 형태는 다양하다. 각 가정의 상황과 환경에 따라, 알맞게 드리면 된다. 모델은 다양하지만 하나님을 만난 사건은 선명해야 한다.

가정예배는 3M으로 구성된다. 첫째로, Member는 가족이다. 가정의 구성원이 다 모여 하나님을 예배하면 된다. 둘째로, Master는 하나님이다. 오직 하나님 한 분을 경배의 대상으로 영광의 주체로 높여드려야 한다. 셋째로, Mission은 하나님의 은혜를 기억하고 감사하는 것이다. 온 가족이 함께 과거에 베푸신 하나님의 은혜를 기억하고 장차 베푸실 하나님의 은혜를 감사해야 한다. 따라서 가정예배는 복잡하지 않다. 가정예배는 온 가족이 함께 모여 하나님을 기억하고 감사하는 것이다. 이런 관점에서 모세의 가정은 적어도 모세가 태어난 이후 석 달 동안 가정예배를 드렸다. 그들은 문을 꼭 걸어 잠그고 집에 암막 커튼도 달고 아기의 울음소리도 새어나가지 못하게 조심했을 것이다. 온 마음과 정성을 다해 죽기 살기로 하나님만을 의지했을 것이다. 하나님이 과거에 베푸셨던 은혜를 묵상하고 기억했을 것이다. 그리고 과거에 베푸신 하나님의 은혜가 지금 엄마의 품에 안긴 아기에게 임하길 간절히 부르짖었을 것이다. 간절히 부르짖으며 하나님께서 반드시 이 아기를 지켜주실 것을 믿고 감사의 고백이 터져 나왔을 것이다.

하나님이 과거에 베푸신 은혜를 기억하고 장차 베푸실 은혜를 감사하기 위해서 반드시 필요한 게 있다. 그것은 바로, 거룩한 상상력이다. 인간은 오늘이라는 시간 속에 산다. 현재에 갇힌 인간이 과거에 베푸신 하나님의 은혜를 생생히 느끼기 위해선 말씀을 단순히 읽는 것으로는 부족하다. 거룩한 상상력이 반드시 필요하다. 거룩한 상상력은 평면의 말씀을 입체적인 실재로 보여 준다. 또한, 하나님이 장차 베푸실 은혜를 미리 맛보아 알기 위해선 미래를 향한 거룩한 상상력 역시 필수이다. 따라서 가정예배는 인생의 수직선 상에서 현재를 중심으로 과거와 미래가 거룩한 상상력으로 연결되는 일련의 과정이라고 할 수 있다.

모세의 가정이 드린 가정예배를 상상해 보자. 매일 온 가족이 함께 한다. 아무것도 할 수 없는 현실 속에서 온 가족이 하나님을 기억한다. 자녀 한 명 없던 아브라함을 통해 저 하늘의 뭇별과 같이 수많은 자손을 주신 전지전능하신 하나님의 이야기를 떠올린다. 노예로 팔려간 요셉을 온갖 고초에도 지키시고 보호하신 하나님을 찬양한다. 거룩한 상상력으로 말씀을 묵상하자 과거에 역사하신 하나님이 장차 미래에도 역사하실 것이라는 강한 확신이 들기 시작한다. 과거의 기억은 미래의 감사로 확장된다. "아, 그렇구나. 하나님에게는 불가능이 없구나! 우리 인생을 주관하는 것은 현실이 아니라 현실 밖에서 역사하시는 하나님이시구나!" 모세의 가정은 거룩한 상상력으로 거듭난다. 믿음의 도약대로 가정에 드리워진 거대한 장벽을 뛰어넘기 시작한다. 아무것도 할 수 없는 상황 속에서 반드시 해야 할 것에 집중한다. 문제에 매몰되지 않고, 문제 밖에 계신 하나님을 온전히 의지한다. 그리고 믿음의 결단을 내린다.

"더 숨길 수 없게 되매 그를 위하여 갈대 상자를 가져다가 역청과 나무 진을 칠하고 아기를 거기 담아 나일 강 가 갈대 사이에 두고" (출 2:3).

모세의 부모는 갈대 상자를 만든다. 갈대는 약하다. 바람에 쉽게 넘어지고 쓰러진다. 갈대 상자의 내구성은 사랑하는 아들의 목숨을 담보로 하기에 형편없다. 하지만 모세의 부모는 갈대 상자에 자신의 아들을 태웠다. 연약한 갈대 상자에 아기를 담아도 부서지지 않을 것이라는 강한 믿음 말고 또 다른 무엇인가가 있지 않았을까? 가정예배를 드리고 내린 결정이라는 점을 생각할 때, 분명 그랬을 것이다.

갈대 상자는 히브리 원어로 테바(tebah)이다. 이 단어가 성경 66권 중에 오직 두 군데에만 쓰였다. 첫 번째가 모세의 갈대 상자이다. 또 하나는 노아의 방주이다. 노아의 방주 사건은 모세의 가정에게 과거이다. 모세의 가정이 가정예배를 드리며 노아의 방주 사건을 기억한 것은 아닐까?

우리가 잘 아는 대로, 노아의 방주는 터무니없었다. 홍수심판으로 멸망할 인류를 구원할 실제적인 대안이 될 수 없었다. 비 한 방울 내리지 않는 상황 속에서 지어진 방주는 시기상조였다. 하지만 하나님은 터무니없는 방주를 통해 노아의 가정을 구원하셨다.

성경에는 기록되어 있지 않지만, 모세의 가정이 가정예배를 드리며 노아의 방주 사건을 통해 구원하신 하나님의 은혜를 기억하지 않았을까? 불가능을 가능케 하시는 하나님의 능력을 상상했을 것이다. 보잘것없는 방주를 통해 노아의 가정을 구원하시고, 인류를 새롭게 시작하신 주님을 신뢰했을 것이다. 그리고 거기서 한 걸음 더 나아가 자신의 아들 모세를 태운 갈대 상자가 노아의 방주처럼 모세를 안전하게 지켜주길 간구했을 것이다. 거룩한 상상력으로 모세는 방주를 뜻하는 테바(tebah)를 자신의 갈대 상자에 기록한 것은 아닐까?

거룩한 상상력으로 노아의 방주와 모세의 갈대 상자는 연결된다. 노아의 방주를 통해 역사하신 하나님이라면, 보잘것없는 갈대로 엮은 작은 상자도 방주처럼 역사하실 거라고 믿었던 것이다. 모세의 가정은 석 달 동안 가정예배를 드리며 갈대 상자가 노아의 방주가 될 것을 거룩한 상상력으로 확신했다. 그렇기에 자신의 사랑하는 아들 모세를, 눈에 넣어도 아프지 않을 아기 모세를 작고 연약한 갈대 상자에 눕힐 수 있었다. 그들은 갈대 상자의 내구성이 아닌, 하나님의 신실하심에 집중했다. 노아의 가정을 구원한 방주를 가슴에 품고 거룩한 상상력을 발휘했다. 그때, 보잘것없는 갈대 상자는 모세를 위한 하나님의 구원의 방주가 되었다. 하나님은 갈대 상자 속에 있던 모세를 통해, 이스라엘을 구원하셨다. 모세의 가정은 가정예배로 애굽의 TMI 시대를 극복했다. 모세의 가정은 거룩한 상상력으로 새로운 TMI 시대를 맞이한다.

5. 가정예배 : 새로운 TMI 시대를 맞이하라

모세의 가정은 가정예배를 통해 새로운 TMI 시대를 맞이했다. 필자는 모세의 가정이 맞이한 새로운 TMI 시대를 이렇게 정의하고 싶다.

Touch My Inspiration! 거룩한 상상력을 발휘하라!
다음 세대가 Information(정보)에 매몰되지 말고 Inspiration(거룩한 상상력)을 발휘해야 한다. 가정예배를 통해 온 가족이 거룩한 상상력을 발휘해야 한다. 눈에 보이지 않는 하나님은 외부에서 유입되는 정보의 80%를 차지하는 시각 채널에 담길 확률이 현저히 낮다. 단 20%에 불과한 비시각적 채널에 담긴 하나님을 거룩한 상상력으로 100%로 끌어올려야 한다. 그러할 때, 눈에 보이지 않던 하나님의 일하심이 느껴지기 시작한다. 손에 잡히지 않던 하나님의 말씀이 손에 잡히기 시작한다. 특별히, 다음 세대는 다음의 3가지를 향해 거룩한 상상력을 발휘해야 한다.

첫째로, 하나님의 주권을 믿음의 눈으로 바라봐야 한다. "눈에 보이지 않는 하나님이 내 인생을 다스리신다. 내 인생의 주인이신 하나님이 내 인생의 걸음을 인도하신다." 하나님의 주권을 인정할 때 이러한 고백을 할 수 있다.

둘째로, 하나님의 영광을 믿음의 눈으로 바라봐야 한다. 이 세상의 금은보화와 비교할 수 없고, 이 세상의 명예와도 바꿀 수 없는 찬란한 하나님의 영광을 우리는 매 순간 꿈꿔야 한다.

셋째로, 하나님의 사랑이다. 내 인생에 어떠한 고난이 펼쳐져도, 어떠한 어려움이 닥쳐와도 나를 향한 하나님의 사랑은 결코 끊어지지 않음을 확신해야 한다.

다음 세대는 하나님의 주권, 영광 그리고 사랑 이 세 가지를 가정예배를 통해 매 순간 기억하고 감사해야 한다. 거룩한 상상력으로 하나님과 매 순간 동행해야 한다. 그러할 때, 우리의 다음 세대는 거룩한 상상력으로 새로운 TMI 시대를 맞이하는 믿음의 세대가 될 줄로 믿는다.

특별히, 어릴 적 가정예배의 경험은 신앙 형성에 긍정적인 영향을 준다. 목회데이터연구소는 어릴 적 가정예배 경험자가 비경험자

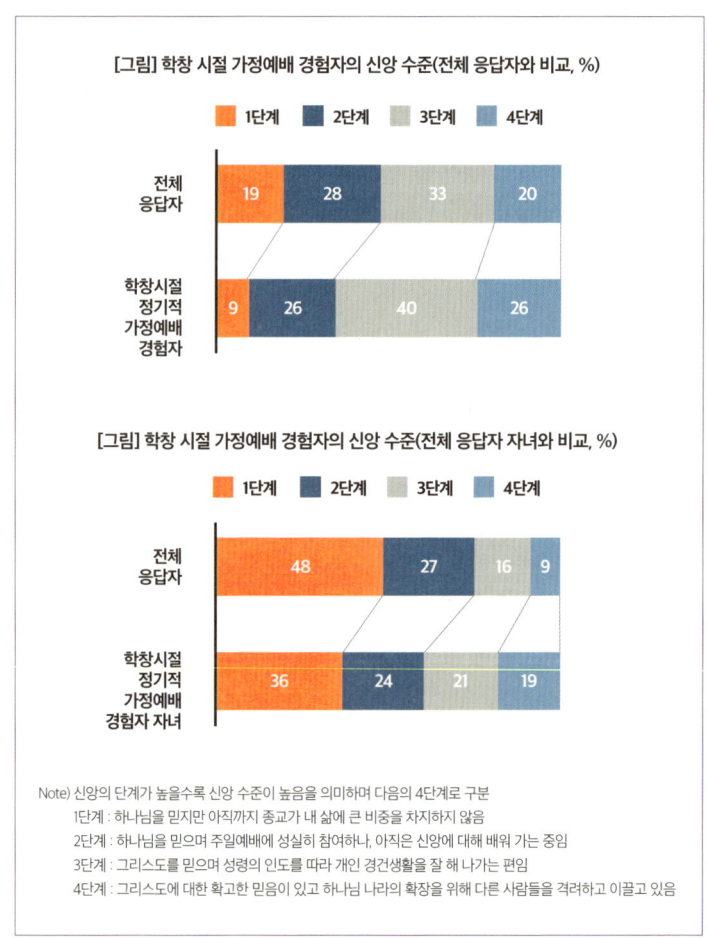

보다 신앙 수준이 높다고 강조한다.[08] 학창 시절 가정예배 경험자와 그 자녀의 신앙 수준을 전체 개신교인 평균과 비교해 보았다. 그 결과, '학창 시절 정기적으로 가정예배를 경험한 자'와 그 자녀의 경우 전체 평균보다 신앙의 단계 수준이 더 높은 편으로 조사됐다. 특히 가정예배 경험자 자녀의 경우, 신앙 수준 4단계 비율이 19%로 전체 자녀 신앙 평균(9%) 대비 2배 이상 높아 주목된다. 학창 시절 가정예배를 드린 사람들은 경험자 본인과 자녀의 신앙이 모두 좋은 것으로 나타나 정기적 가정예배의 신앙적 유효성을 입증하는 결과였다.

오늘 드리는 가정예배가 우리 가정의 갈대 상자이다. 거룩한 상상력으로 갈대 상자를 띄우라! 대단해 보이지 않아도, 짧은 시간 드려도 가정예배는 우리 가정을 구원하는 하나님의 방주가 될 것이다.

6. 가정예배의 영적 원리 : HOME

그렇다면 우리는 어떻게 가정예배를 드리는 가정이 될 수 있을까? 가정을 뜻하는 영어단어 HOME으로 가정예배의 영적 원리 4가지를 살펴보자.

---

08   목회데이터연구소, 「개신교인의 신앙 계승 실태」, 2024.

1) Hold : 하나님의 말씀을 붙잡으라!

첫째로, HOME의 H는 Hold이다. 하나님의 말씀을 붙잡으라! 출애굽기 2장 1절 말씀을 보면,

> "레위 가족 중 한 사람이 가서 레위 여자에게 장가 들어"(출 2:1).

성경 기자는 모세의 가정의 성립배경을 설명한다. 본 구절은 한 가지 특이한 점이 있다. 결혼한 두 남녀의 이름을 밝히지 않고, 출신 지파만 설명한다. 왜 굳이 이렇게 표현했을까? 레위 지파의 두 남녀가 결혼했다는 사실을 강조하기 위함이다. 이스라엘 백성은 오래전부터 하나님의 결혼 원칙을 무시하였다. 창세기 6장 2절 말씀은 다음과 같다.

> "하나님의 아들들이 사람의 딸들의 아름다움을 보고 자기들이 좋아하는 모든 여자를 아내로 삼는지라."(창 6:2).

하나님이 원하시는 결혼은 경건한 주의 자녀들이 결혼하여 믿음의 가정을 이루는 것이었다. 하지만 이스라엘 백성들은 하나님의 뜻을 거부했다. 애굽의 식민지가 되고서 상황은 더욱 심각해졌다. 신앙과 상관없이 우상을 섬기는 이방인과의 통혼도 서슴지 않았다. 하지만 경건한 아므람과 요게벳은 하나님의 말씀에 순종한다. 레위 지파는 세상과 타협하지 않고 오직 하나님의 말씀에 순종했

다. 특별히, 출애굽 후 광야에서 금송아지를 만들고 절하며 우상을 숭배할 때 유일하게 우상을 숭배하지 않은 지파가 레위 지파였다. 또한, 요단 동편에서 이스라엘 백성이 우상을 섬기며 음행할 때 우상 숭배자들을 쳐죽인 비느하스가 바로 레위 지파 출신이다. 레위 지파 출신의 아므람과 요게벳은 세상을 본받지 않았다. 그들은 오직 하나님의 말씀을 붙잡았다.

> "너희는 이 세대를 본받지 말고 오직 마음을 새롭게 함으로 변화를 받아 하나님의 선하시고 기뻐하시고 온전하신 뜻이 무엇인지 분별하도록 하라"(롬 12:2).

"너희는 이 세대를 본받지 말고"를 NIV 영어성경으로 보면, 이 세대를 '이 세상의 패턴(the pattern of this world)'으로 번역한다. 사도 바울은 성도에게 세상의 패턴을 따르지 말라고 경고한다. 패턴은 다수의 반복된 습관이다. 패턴은 다수결의 원칙이 강하게 작용한다. 이스라엘은 세상의 패턴에 매여 있었다. 하지만 아므람과 요게벳은 세상의 패턴에 매이지 않았다. 그들은 흔들리는 세상 속에서 흔들리지 않는 하나님의 말씀을 붙잡았다. 하나님의 말씀을 대하는 자세를 보면, 인생을 대하는 자세가 보인다. 하나님의 말씀을 가지고 씨름하는 모습을 보면, 하나님을 향한 신앙고백을 알 수 있다. 아므람과 요게벳은 하나님의 말씀을 붙잡고 기도하던 중, 하나님의 마음을 깨달았다. 그들은 서럽한 주의 백성들이 연합하여 이룰 믿음의 가정을 하나님이 찾고 계심을 깨달았다.

어떤 가정이 가정예배를 승리할까? 믿음의 부모가 가정예배에 앞장서야 한다. 하나님이 가정예배를 기뻐하심을 확신하고 믿음의 본을 보여야 한다. 부모가 먼저 가정예배 시간을 거룩하게 구별해야 한다. 자녀들이 부모를 주목한다. 자녀는 가정예배를 통해 부모의 크기가 아닌 예배의 대상이신 하나님의 크기를 깨닫는다. 하나님의 말씀을 기준으로 사는 부모는 영적 권위를 가진다. 그러할 때, 세상에 끌려가던 가정이 세상을 이끄는 믿음의 가정이 될 줄로 믿는다.

2) Obey : 하나님의 뜻에 순종하라!

둘째로, HOME의 O는 Obey이다. 하나님의 뜻에 순종하라!

> "그 여자가 임신하여 아들을 낳으니 그가 잘생긴 것을 보고 석 달 동안 그를 숨겼으나"(출 2:2).

본 구절은 요게벳이 자신의 아들 모세의 잘생긴 것을 보았다고 기록한다. 여기서 잘생긴 것은 단순히 이목구비가 잘생겼다는 것을 의미하지 않는다. 요게벳은 갓난아기 모세와 눈이 마주치는 그 순간, 하나님과 심정이 통하였다. 그녀는 모세를 향한 하나님의 위대하신 뜻과 계획을 직감하였다. 어린 아기 모세를 통해 하나님이 위대한 일을 행하실 것을 믿음의 눈을 열어 바라보았다. 그리고 그녀는 하나님의 뜻에 순종하기로 결단했다. 그런데 한 가지 결정적인 걸림돌이 있었다. 그것은 바로, 바로에 대한 두려움이었다. 그러나 요게벳은 자신을 죽일 수 있는 바로보다 자신의 영혼까지 죽일 수 있는 하나님을 두려워하였다. 그러했기에 그녀는 자신의 목숨을 걸고 모세의 목숨을 지키기로 결심했다. 아마도 아므람과 요게벳이 하나님께 이렇게 기도했을 것이다. '하나님. 이 아기를 지키려면 어떻게 해야 할까요? 하나님 도와주세요.' 결국 그들은 뾰족한 수가 없어 집 안에 모세를 숨겼다. 간절히 기도하고 하나님의 뜻에 순종하는데, 전혀 문제가 해결될 기미가 보이지 않았다. 하나님의 역사는커녕 상황만 더 악화되었다. 하지만 모세의 부모는 하나님의 뜻에 끝까지 순종한다. 집 안에 아기를 둘 수 없게 되자 그들은 포기하지 않고 믿음으로 갈대 상자에 아기를 숨겼다. 인간의 눈에 이런 행위는 Mystery(미스테리)이다. 하지만 순종했을 때, 우리가 잘 아는 대로 모세를 죽이려 한 장본인이었던 바로의 딸이 모세를 구원하는 놀라운 역사가 일어났다. 믿음의 선택은 이성으로 바라보면, Mystery이다. 하지만 믿음의 선택은 이해가 아닌 순종으로 풀린다. Mystery는 믿음으로 순종할 때, My Story가 된다.

Mystery + 순종 = My Story

매일 가정예배를 드리는 게 문제 해결에 도움이 안 되는 미스테리처럼 여겨질 수 있다. 그래도 끝까지 믿음으로 순종하자! 그러할 때, 가정예배는 내 인생의 Mystery가 아니라 하나님의 역사를 경험하는 My Story가 될 줄로 믿는다.

3) Make : 액션 플랜을 짜라!

셋째로, HOME의 M은 Make이다. 구체적인 액션 플랜을 세워라!

> "더 숨길 수 없게 되매 그를 위하여 갈대 상자를 가져다가 역청과 나무 진을 칠하고 아기를 거기 담아 나일 강 가 갈대 사이에 두고"(출 2:3).

출애굽기 2장 3절 말씀은 갈대 상자의 제작 매뉴얼 같다. 모세를 구하기 위한 구체적인 액션 플랜이 기록되었다. 우선, 주변에서 구하기 쉬운 갈대로 상자를 만들었다. 그리고 갈대 상자의 마감재와 방수제로 역청과 나무 진을 발랐다. 이제 갈대상자는 준비가 다 되었다. 그렇다고 무턱대고 갈대 상자를 나일 강에 띄우지 않았다. 출애굽기 2장 3절 하반절 말씀을 보자.

> "아기를 거기 담아 나일 강 가 갈대 사이에 두고."

모세의 부모는 나일 강의 유속과 방향 등을 치밀하게 고려했다. 그래서 갈대 상자가 순식간에 떠내려가지 않도록 갈대 상자를 눈에 잘 띄는 갈대 사이에 숨긴다. 아기 모세의 안전까지 고려한 최상의 선택이었다. 모세의 부모는 하나님께 순종하기로 결단한 후, 매우 구체적이고 실제적인 액션 플랜을 세웠다.

가정예배 역시 구체적인 액션 플랜이 필요하다. 우리 가정에 가장 알맞은 가정예배 모델을 정해야 한다. 일반적으로, 가정예배는 성경공부 스타일 가정예배, 가정 기도회 가정예배, 세대통합형 큐티예배 등 다양하다. 가정예배 인도자라면, 가정예배 세미나와 관련 도서 등을 참고하면 더욱 좋다.

4) Expect : 하나님의 타이밍을 기대하라!
넷째로, E는 Expect이다. 하나님의 타이밍을 기대하라!

> "그의 누이가 어떻게 되는지를 알려고 멀리 섰더니"(출 2:4).

모세의 누나 미리암은 요게벳의 말대로 강 가로 내려왔다. 그리고 모세의 갈대 상자를 잠잠히 바라봤다. 필자는 이 부분에서 놀라운 사실을 발견하였다. 미리암이 무서워서 도망치지 않고 그 자리에 그대로 있었다는 점이다. 바로나 애굽 군대에게 발각되면 죽을 수도 있다는 사실을 알았을 텐데, 미리암은 도망치지 않고 끝까지 모세의 갈대 상자를 바라봤다. 왜 그랬을까? 미리암이 하나님이 역사하실 타이밍을 기대했던 것을 이닐까?

미리암은 집 안에서나 집 밖에서나 하나님과 동행했다. 석 달 동안 가정예배를 드리며 미리암은 하나님과 동행했다. 그리고 집 밖으로 나와 갈대 상자를 띄울 때도 미리암은 하나님과 동행했다. 그러했기에 그녀는 두려워하지 않고 끝까지 하나님의 타이밍을 기대하였다.

하나님을 신뢰할 때, 하나님과 동행한다. 하나님을 의지할 때, 하나님과 동행한다. 하나님과 동행하면 하나님을 기대한다. 하나님을 기대하면 하나님의 타이밍을 기다릴 수 있다. 가정예배를 드린다고 지금 당장에 가정의 문제가 해결되지 않을 수 있다. 배우자와 자녀들이 드라마틱하게 바뀌지 않을 수 있다. 하지만 가정예배를 포기해서는 안 된다. 끝날 때까지 끝난 게 아니라는 말처럼, 우리는 가정예배를 통해 일하실 하나님을 기대해야 한다. 인간의 타이밍이 아닌 하나님의 타이밍을 바라보며, 오늘도 가정예배의 자리를 지켜야 한다. 미리암과 같이 하나님과 동행하여 하나님의 때를 기다릴 수 있는 가정이 되길 소망한다. 하나님의 때에 반드시 인간의 생각을 뛰어넘는 하나님의 방법으로 이루실 줄 믿는다.

CHAPTER 6

흔들리는 시대, 흔들리지 않는 신앙을 세우는 사역 전략

— 이 시대, 복음을 다시 묻다 —

핵심키워드

:

콜드 시대 속 소비자 영성, 제자의 길

콜드 시대 속 소비자 영성, 재과의 길

- 이 시대, 복음을 다시 묻다 -

"내가 곧 길이요 진리요 생명이니…"(요 14:6).

우리가 복음을 전하는 목적은 무엇인가? 그 목적은 단순히 교세를 확장하거나 예배당 자리를 더 많은 사람들로 채우기 위한 것이 아니다. 복음을 전하는 이유는 오직 하나, 사람들을 예수 그리스도를 따르는 삶으로 이끌기 위함이다. 예수님은 자신을 "길이요 진리요 생명"이라 말씀하셨다. 복음을 전한다는 것은 그분이 걸어가신 길로 함께 걷도록 사람들을 초대하는 것이다. 믿음의 삶을 살아간다는 것은 곧 예수님의 삶을 따르며, 그분의 길을 따라가기로 결단하는 의지의 표현이다. 그러나 우리가 살아가는 이 시대를 돌아보면, 예수님이 걸으신 그 길을 따라 살아간다는 것은 많은 희생과 대가를 요구하는 일임을 알 수 있다. 왜 그런가? 그것은 오늘날의 문화가 예수 그리스도의 길과는 전혀 다른 방향으로 형성되어 있기 때문이다.

문화라는 단어는 일상적으로 자주 사용되지만, 그 의미를 명확히 정의하는 것은 쉽지 않다. 문화의 영어단어 Culture는 본래 라틴어 colere에서 유래했으며, 이는 '경작하다', '돌보다'라는 의미를 담고 있다. 세월이 지나면서 몸, 정신력, 미덕, 신, 신전과 같은 것을 양성거나 돌보는 일까지 포함하게 되었다.[01] 이후엔 문명의 유사어로 쓰이기 시작했고, 특정한 민족이나 집단, 시대가 형성한 고유한 생활방식을 의미하게 되었다. 문화의 개념을 정리하자면, 사람들이 살아가는 일상에 형태와 가치를 부여하는 신념, 행동 양식, 제도, 이야기들이 복합적으로 얽혀 있는 구조라고 할 수 있다. 문화는 단지 표면적인 요소를 넘어, 다양한 층위와 요소들이 서로 연결되어 있기 때문에, 어떤 문화를 제대로 이해하고 그 동력을 파악하려면 그 안에 숨겨진 복잡한 구조를 깊이 있게 탐구해야 한다.

문화에 대한 이해가 중요한 이유는 다음 세대가 살아가고 있는 일상적 삶의 형태와 그들이 가치 있다고 여기는 신념이나 행동, 물건 등을 정확히 분석하고 파악할 때에야 비로소 다음 세대에게 복음을 효과적으로 전할 수 있기 때문이다. 복음은 단지 문화의 외

---

01 케네슨, 필립 D. 『열매맺다』. 홍병룡 옮김(새물결플러스, 2011), 25쪽.

곽을 비판하는 메시지가 아니다. 오히려 그리스도 안에서 문화를 정화하고 회복시키는 능력을 가진다. 복음이 문화 안에서 살아 숨 쉬려면 단순한 전달이 아니라 문화에 대한 공감과 해석, 그리고 그 안에서 진리를 드러내는 지혜가 필요하다.

또한 영국의 선교신학자 레슬리 뉴비긴(Lesslie Newbigin)의 말처럼 복음이 현대 문화와 어떻게 상호작용할 수 있는지 분명한 이해가 있어야 온전한 그리스도인으로 그들을 양육할 수 있다. 우리가 그리스도의 제자로 살아가려 함에 있어서 이 시대의 문화가 어떻게 작용을 하고 있는지, 성경과 문화의 이해충돌 지점이 무엇인지를 정확히 알아야 다음 세대에게 바른길을 제시하고 그들이 성장할 수 있도록 도울 수 있다. 결국 복음을 전한다는 것은 단지 말을 전하는 것이 아니라, 삶 전체를 하나님 나라의 방식으로 초대하는 일이다. 문화 속에서 그리스도를 드러내고자 한다면, 우리는 먼저 그 문화를 사랑하고, 그 속에서 예수님의 길을 살아 낼 수 있어야 한다.

다음 세대에게 복음을 전하고, 그들을 예수 그리스도의 제자로 양육함에 있어서 충돌이 되는 문화에 관하여 '정보 과잉 시대', '즉각성 반응 시대', '정체성 혼란의 시대' 등 크게 3가지로 분류해서 분석해 보고, 각 문화에 대한 사역적 대안을 모색해 보고자 한다.

우리는 지금 정보가 넘쳐 나는 시대에 살아가고 있다. 하루 5억 개 이상의 트윗, 1억 개 이상의 인스타그램 포스트가 생성되고 유튜브에는 1분마다 500시간 이상의 영상이 업로드된다고 한다. 매일 생성되는 데이터의 양은 무려 328억GB 이상으로, 10년 전과 비교해 약 20배나 증가되었다고 한다.[02] 이제 클릭 한 번이면 무한한 정보에 접근할 수 있으며, 수많은 콘텐츠와 지식, 관점, 감정들이 쏟아지고 있다. 누구나 말하고 누구나 해석하며, 수많은 소리가 '진실'을 주장하며 우리에게 말을 걸어온다. 그런데 아이러니하게도 이렇게 많은 정보가 우리를 더 지혜롭게 만들고 있는가? 이 질문에 선뜻 "그렇다"라고 대답하기는 쉽지 않다. 정보가 넘쳐날수록 오히려 우리의 결정력은 떨어진다. 간단한 식사메뉴를 정하는 데 있어서도 때론 많은 시간이 걸리는데 그 이유는 너무 많은 정보들 때문이다. 더불어 정보 소비는 뇌의 도파민 회로를 자극해 계속해서 더 많은 정보를 찾게 만들기도 하는데, 문제는 이런 정

02 Domo 'Data Never Sleeps 9.0', 2023

보는 실제 지식으로 전환되지 않고 오히려 혼란과 피로, 불안을 증가할 뿐이다. 이런 정보 과잉은 우리를 더 피로하고, 방향을 잃고, 무엇이 참인지 구별하기 어려운 혼란 속으로 이끌 뿐이다. 정보는 넘치지만 통찰은 부족한 시대, 말은 많지만 삶의 변화는 드문 시대, 이것이 우리와 다음 세대가 직면하고 있는 현실이다.

이런 시대적 흐름 속에서 신앙도 영향을 받지 않을 수 없다. 복음조차 많은 '정보' 중 하나로 소비되는 시대, 말씀 콘텐츠들은 넘쳐나지만 삶의 실천은 희미한 현실이 바로 오늘날의 교회와 그리스도인의 자화상일지도 모른다. 지금 우리가 던져야 할 중요한 질문은 이것이다.

> "이 정보의 홍수 속에서, 어떻게 복음을 진리로 붙들고 살아갈 수 있는가?"

> "말씀이 콘텐츠로만 소비되지 않고, 삶의 중심을 변화시키는 능력으로 작동하려면 우리는 무엇을 회복해야 하는가?"

이제 우리는 복음을 단지 전하는 데서 멈추지 않고, 복음이 이 시대 문화 속에 어떻게 뿌리내릴 수 있는지, 그리고 그 안에서 제자로 살아가기 위한 훈련은 어떤 방식이어야 하는지를 깊이 고민해야 할 때이다. 이러한 시대적 흐름 속에서 보이는 '소비자 영성',

'신앙 콘텐츠 과잉공급'에 대해 분석해 보고, 그에 대한 사역적 대안을 제시해 보고자 한다.

1. 소비자 영성

정보가 많아진 만큼 신앙도 '선택과 취향의 대상'이 되고 있다. 바로 이 현상을 '소비자 영성'이라 부른다. 유진 피터슨(Eugene H. Peterson)은 다양한 글들을 통해 소비자 영성의 특징을 다음과 같이 설명한다.

첫째, 자기 중심적 신앙이다. 하나님을 필요 충족의 수단으로 여기는 것이다. 기도, 예배, 말씀 묵상의 행위가 자기 성취나 문제 해결이 중심이 되는 것이다. 결국 신앙의 중심이 '하나님'이 아닌 '나'이다.

둘째, 감정 중심의 신앙이다. 신앙의 기준이 감정적 만족감이나 경험의 강도로 판단이 된다는 것이다. 우리가 흔히 사용하는 "은혜롭다"라는 말이 "느낌 좋았다"는 뜻으로 축소가 된다는 것이다. 고난이나 침묵의 시간들은 피하고 계속해서 도파민을 자극할 수 있는 경험만을 추구하는 행태이다.

셋째, 종교적 소비 행태이다. 교회를 싱경의 기준이 아닌, 자신이 얼마나 만족할 만큼 서비스를 받았는지로 판단한다. 교회가 함께 헌신함으로 세워 가야 할 그리스도의 몸으로 이해하는 것이 아닌 서비스 제공처로 여기는 것이다. 그렇기에 자신이 만족하지 않으면 쉽게 교회를 떠나거나 다른 프로그램을 찾아 돌아다닌다. 이런 이들의 특징은 공동체에 헌신하거나 변화하려 하지 않는다는 것이다.

왜 이 시대가 이런 소비자 영성에 빠지게 되었는가? 이것은 단순한 개인의 신앙 미성숙만의 문제가 아닌 현대 사회가 갖고 있는 소비중심 문화가 크게 작용하고 있기 때문이다. 우리는 이미 '선택하고, 비교하고, 소비하고, 평가하는' 방식에 익숙해져 있다. 이러한 문화의 관성은 신앙생활에도 그대로 침투한다. 유튜브와 인스타그램 등의 SNS를 통해 수많은 설교 콘텐츠를 접할 수 있게 되었다. 이런 많은 신앙콘텐츠 중에 자신이 좋아하는 스타일의 말씀만을 선택해 소비하게 된다. 이런 영성은 말씀을 삶으로 살아내기보다, 말씀을 하나의 좋은 강연 정도로 소비하는 데 그치는 위험을 안고 있다. 진리를 '골라 먹는' 태도는 결국 자기 중심적 신앙을 만들며, 복음이 삶을 이끄는 권위를 잃게 만든다. 자신을 소비자로 인식하기에 설교, 찬양, 프로그램 등을 평가하고 순위를 매기기도 한다. 소비문화와 맞물려 점점 더 개인화가 강화되어 가는 문화도 소비자 영성에 크게 기여한다. '나의 영성', '내가 좋아하는 방식'이 강조되다 보니, 공동체에 속해지는 것을 꺼려한다. 십자가의 삶보다는 편안함, 감정적 만족감이 더 추구되다 보니,

공동체와 제자도의 의미는 점점 사라지게 된다.

2. 신앙 콘텐츠 과잉공급

위의 글에서 언급한 것처럼, 이 시대는 과거와 비교할 수 없을 만큼 신앙 콘텐츠의 공급이 넘쳐 나는 시대를 살아가고 있다. 온라인 설교, 유튜브 찬양, 짧은 묵상 영상, 인스타그램 말씀 요약, 성경 앱 알림 등 언제 어디서나 우리는 은혜 받을 수 있는 환경 속에 살고 있다. 그럼에도 불구하고, 우리가 가지고 있는 고민은 동일하다. 예수 그리스도의 제자로서 살아가는 이들이 많은 것 같지 않다는 것이다. 오히려 목회 현장에서는 신앙이 자라나지 않고 제자리에 머물러 있는 것 같다는 소리를 들을 때가 더 많다. 이는 단순한 개인의 신앙 성숙이나 태도의 문제가 아니다. 우리가 살아가는 '정보 과잉 문화' 자체가 신앙의 양상에 구조적인 영향을 미치고 있기 때문이다.

신앙이란 본래 말씀을 듣고, 묵상하고, 해석하고, 삶으로 살아내는 패턴을 반복함으로 성장하게 된다. 그러나 지금은 많이 듣지만 바로 다음 콘텐츠로 넘어가는 소비 루틴이 신앙의 일상으로 자리 잡았다. 그 결과, 말씀이 깊이 묵상되어 삶에 스며들지 못한 채, 감동의 파편으로만 남고 증발되어 버리게 되었다. 또한 정보가 많을수록 우리는 더 주체적이 되기보다는 더 수동적이 되기 쉽다.

우리는 매일 수많은 콘텐츠 앞에서 선택하고, 비교하고, 판단하다가 피로감에 빠져 버린다. 이는 다음 세대들이 말씀을 능동적으로 붙드는 것이 아니라, 좋은 말씀이 오길 기다리는 청중으로 만들어 버린다. 또한, 콘텐츠는 소비하지만 그 말씀이 지금 내 삶과 어떻게 연결되는지는 고민하지 않는다. 결국, 말씀은 한때의 감동으로만 소비되고, 자기 삶을 바꾸는 능력이 되지 못한다. 신앙은 점점 지식과 감정의 저장고가 되고 실천없는 신앙은 서서히 무기력한 습관으로 변해 가기 마련이다.

또 한 가지는 오늘날 디지털 플랫폼이 우리의 사고방식과 감정 구조를 바꾸고 있다는 것이다. 다음 세대들이 자주 이용하는 릴스(Reels)나 숏츠(Shorts)와 같은 플랫폼은 콘텐츠의 빠른 전환으로 짧은 집중, 감정적 자극 중심의 콘텐츠에 익숙하게 만들고 이것은 묵상과 같은 깊이 머무는 것에 점점 약해지게 만든다. 이런 구조의 변화는 신앙에도 영향을 준다. 짧고 강한 찬양 영상, 클립 설교, 요약된 성경 설명 등이 중심이 되면서 신앙을 즉각적인 감정 반응을 주는 것으로 오해하게 만든다. 그러나 성경은 신앙을 농사에 비유한다. 믿음은 천천히 자라나는 것이며, 말씀은 시간이 걸려 삶 속에 뿌리냄을 가르친다. 이런 신앙의 속도가 이 시대 문화가 요구하는 속도와 충돌하게 만들고, 이는 신앙의 호흡을 방해하는 구조적 환경이 되었다.

이런 문화적 상황에서 목회 방식과 사역구조에도 새로운 긴장을 요구한다. 교회들마다 더 좋은 콘텐츠를 만들기 위해 노력하지만, 그 콘텐츠가 삶의 변화로 이어지는 시스템을 갖추지 못한다면 그저 공허한 소비에 그칠 수밖에 없기 때문이다. 신앙은 정보를 모으는 일이 아니라 진리 안에서 예수 그리스도의 길을 따라가는 훈련이며, 복음은 콘텐츠가 아니라 우리 삶을 재구성하는 이야기이자 하나님 나라로의 초대임을 분명히 가르쳐야 한다. 감동은 많지만 헌신은 약하고 지식은 풍성하지만 신앙의 성숙은 가로막혀지는 문화적 현상을 잘 파악하여 이를 대처할 수 있는 목회와 사역적 구조의 전환이 필요하다.

3. 사역적 대안

지금 우리가 살아가는 시대는 정보가 없거나 단순히 많아서 생기는 혼란스러운 시대가 아니다. 오히려 진짜 문제는 무엇이 진짜인지 구별할 수 없는 해석의 혼란이라고 할 수 있다. 하루에도 수십 수백 개의 콘텐츠들이 소비되는 중에 복음 또한 하나의 옵션처럼 들릴 위험에 처해 있다. 이런 문화적 흐름 속에서 우리는 질문해 보아야 한다.

"나는 무엇을 따라 믿고 있는가?" 그리고 "그 믿음은 누구의 시선으로, 어떤 해석을 거쳐 내 삶에 들어왔는가?"

바로 이 지점에서 다음 세대가 신앙적 정보 해석력을 키워 갈 수 있는 사역 전략을 세워 가야 한다.

믿음이란 단지 정보를 아는 것이 아닌, 하나님의 말씀을 통해 세상, 나의 상황과 관계 등을 새롭게 해석하고 살아내는 것이다. 예수님은 단지 가르침을 주신 분이 아니라, 새로운 해석의 눈을 열어 주셨다. 결국 예수님의 제자란 말씀을 듣는 자가 아니라, 말씀으로 세상을 해석하고 그 삶을 살아가는 자이다. 그렇기에 다음 세대들에게 필요한 것은 더 많은 말씀이 아니라, 말씀을 해석할 수 있는 능력이다.

이런 신앙적 정보 해석력을 키우기 위해서 우선적으로 필요한 것은 '말씀 해석 훈련' 중심의 사역이다. 설교를 듣기만 하는 구조가 아니라, 함께 읽고, 질문하고, 현실과 연결해 보는 훈련이 필요하다. 특히 말씀 묵상은 지식 확인이 아닌 삶을 해석하는 도구로 사용하도록 해야 한다. 이런 훈련을 위해서는 기존의 성경 지식 중심의 제자훈련 방식을 성경적 세계관과 문화 해석 중심으로 훈련하는 방향의 전환이 필요하다. 특히, 다음 세대가 소비하고 있는 문화 속에서 복음과 충돌되는 것들이 무엇인지를 살펴볼 수 있도록 하고, 신앙적 질문을 통해 말씀 안에서 비판적이고 창조적인 해석력을 기를 수 있도록 도와야 한다. 이러한 훈련을 위해서는 목회자와 교사 그리고 리더들이 먼저 훈련되어야 한다. 말씀 해석

훈련은 단순히 지식을 전달하는 것으로 되지 않는다. 특히나 지금의 다음 세대들은 진짜와 가짜를 구분하는 민감성이 매우 발달되어 있다. 이것은 가르치는 자의 말이 완벽한 지식으로만 머무는 것이 아니라, 실패할 때도 있지만 실제 믿음의 삶을 살아가고자 고군분투하는 진정성만이 그들을 변화시킬 수 있다.

정보 과잉의 문화 속에서 다음 세대를 복음으로 세우는 길은, 말씀을 그들의 삶의 질문과 연결해 주고, 세상을 성경적으로 해석하는 눈을 열어 주는 것이다. 우리가 해야 할 일은 또 하나의 정보를 던져 주는 것이 아니라, 쏟아지는 정보들 속에서 진리를 분별하고, 그 진리대로 살아가는 삶으로 그들을 이끄는 안내자가 되는 것이다.

읽고, 질문하고, 현실과 연결해 보는 훈련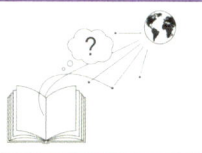

문화를 비판적으로 분석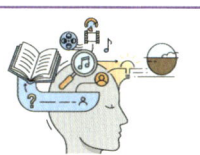

삶을 해석하는 도구로 사용

앞서 살펴본 것처럼, 우리는 정보가 넘치고, 신앙 콘텐츠가 과잉 공급되는 시대에 살고 있다. 말씀과 설교, 묵상 자료와 영상 콘텐츠는 쉽게 접할 수 있지만, 신앙이 실제 삶 속에서 뿌리내리는 일은 점점 더 어려워지고 있다. 이러한 현상의 이면에는 단순한 정보 과잉만이 아니라, 문화적 속도의 문제가 자리하고 있다. 지금 이 시대의 다음 세대는 '즉각적인 반응'을 전제로 한 디지털 문화 안에서 자라고 있다. 이 문화는 단지 정보의 양만 늘린 것이 아니라, 정보를 수용하고 반응하는 감정 구조 자체를 변화시키고 있다. 특히나 짧고 단순한 콘텐츠 소비 방식은 감정을 다루는 방식, 사람을 만나는 방식, 하나님을 신앙하는 방식에도 큰 영향을 준다. 그 결과 신앙은 점점 더 감정적인 반응 중심으로 기울어지고, 감정의 기복이 신앙의 깊이를 결정하는 왜곡된 기준으로 자리 잡고 있다. 은혜를 감동의 세기로 평가하고, 침묵과 기다림은 무의미한 시간으로 치부되며, 고통이나 슬픔 같은 부정적 감정은 회피해야 할 대상으로 여기기도 한다.

하지만 성경은 감정을 부정하거나 억압하지 않는다. 오히려 하나님은 우리가 겪는 감정의 현실 속에서 그 감정을 말씀 안에서 다듬어 가기를 원하신다. 따라서 지금과 같은 즉각적인 감정 반응이 만연한 문화 속에서 감정을 다루어 가는 영적 훈련이 절실히 필요하다.

감정 과잉의 시대는 단순히 감정의 표현이 많아졌다는 것을 의미하지 않는다. 더 정확히 말하자면, 이 시대는 감정이 삶의 중심 판단 기준으로 자리 잡고 있는 시대이다. 이전에는 이성과 가치, 혹은 공동체의 기대가 삶의 방향을 결정짓는 기준이었다면, 이제는 '내가 어떻게 느끼는가'가 그 모든 것을 결정짓는다. 그 결과, 감정은 더 이상 단순한 반응이나 느낌이 아니라, 진리를 결정하는 권위로 기능하게 되었다.

예를 들어, 어떤 메시지가 사실이어도 '기분이 나쁘다'는 이유로 거부당할 수 있다. 반면, 명확한 근거나 진리가 없어도 '느낌이 좋다'는 이유만으로 받아들여지기도 한다. 이것이 바로 감정 중심 시대의 위험이다. 감정은 분명 하나님께서 우리에게 주신 귀한 인격의 일부이지만, 감정이 진리를 규정하게 될 때, 우리는 진리가 아닌 기분에 이끌리는 삶을 살게 된다. 이러한 감정 중심의 문화는 신앙생활에도 깊은 영향을 끼친다. 은혜는 감정의 고양으로 오해되고, 예배의 의미는 '얼마나 감동받았는가'로 충족된다. 말씀을 듣는 행위도 더 이상 하나님의 권위 앞에 서는 경외의 시간이 아니라, 내게 감정적 반응을 주었는가 아닌가를 기준으로 평가되는 소비 행위로 전락할 수 있다. 이런 상황 속에서 다음 세대는 점점 더 '깊은 뿌리' 없이, 감정의 높낮이에 따라 요동치는 신앙의 구조를 가지게 된다.

그러나 성경은 신앙을 느낌을 따라 움직이는 감정의 운동이 아니라, 진리를 따라 순종하는 인격적 결단으로 설명한다. 예수님의 삶은 감정을 배제한 채 무조건적으로 복종한 삶이 아니었다. 오히려 사람들과의 관계 속에서 슬픔과 분노를 느끼셨다. 겟세마네 동산에서 기도할 때에는 "이 잔을 내게서 옮기시옵소서"(막 14:36; 눅 22:42)라고 하나님께 간곡한 기도를 드릴 정도로 고뇌하셨다. 그러나 그러한 감정을 계속해서 유지하는 것이 아닌, 하나님의 뜻대로 이루어달라는 순종의 결단으로 승화되었음을 알 수 있다. 예수님의 감정은 하나님의 말씀 앞에서 다듬어졌고, 그 감정을 넘어선 것이 아니라 말씀에 의해 인도되신 것이다. 그렇기에 오늘날의 사역은 단순히 감정을 자극하는 콘텐츠나 감동을 주는 메시지를 넘어설 수 있어야 한다. 우리는 감정의 존재를 인정하고 환영하면서도, 그것이 신앙의 중심이 되지 않도록 훈련하는 목회적 구조를 마련해야 한다. 그리고 감정이 하나님의 진리 안에서 성숙해지고, 공동체 안에서 건강하게 표현되도록 안내되어야 한다. 이는 곧 감정의 억제가 아니라 감정의 회복이며, 감정에 휘둘리는 신앙에서 감정을 말씀의 언어로 표현하는 성숙한 신앙으로 나아가는 과정이다.

4. 나는 느낀다, 고로 존재한다

오늘날의 사회는 감정을 단순한 느낌이 아니라, 존재의 기준, 행동의 동기 그리고 도덕적 판단의 척도로까지 여긴다. 이는 "내가 그렇게 느껴졌다면 그건 사실이다"라는 전제가 문화 전반에 퍼져 있음을 의미한다. 감정은 더 이상 개인의 주관적 경험으로만 머물지 않는다. 오히려 감정은 진리를 해석하고, 삶의 방향을 결정하는 기능으로 작용하고 있다. 이러한 감정 과잉의 문화에서 두드러지는 3가지 경향이 있다.

첫째, 감정은 곧 진리다. 객관적 사실보다 '내가 어떻게 느끼는가'가 더 중요한 판단기준이 된다. 틱톡이나 인스타그램 등을 보면 종종 "My truth is vakid" 또는 "Don't question my vibe" 같은 문구를 볼 수 있다. 이는 감정이 곧 진리이고, 누군가 내 감정을 반박하면 폭력처럼 여겨지는 문화적 감수성을 잘 보여 주고 있다. 감성적인 디자인으로 잘 알려진 A사의 광고에도 보면 "Be You" 시리즈 광고를 통해 다양한 사용자들의 감정을 중심에 놓고, "당신이 느끼는 그대로가 당신"이라는 메시지를 전달했다. 이는 감정이 개인의 정체성과 진리 판단 기준이 되는 문화적 메시지임을 알 수 있다. 이러한 문화 속에서는 예배가 아무리 성경적으로 충실해도 감정적으로 "은혜롭지 않다"고 느껴지면 외면될 수 있다. 말씀의 내용이 아무리 성경적이도 "기분이 나빴다"면 그것은 틀린 설교, 정죄의 메시지로 치부되기 쉽다.

둘째, 감정이 곧 정체성이다. "나는 이렇게 느끼니까, 이게 나야"라는 식의 감정 기반 자기 인식이 강화된다. 감정은 일시적일 수 있음에도 그것을 존재의 본질로 착각하게 되는 것이다. "나는 우울한 사람이야", "나는 감정 기복이 심한 타입이야", "나는 원래 이런 사람이야"라는 식의 표현은 감정이 고정된 정체성으로 자리 잡는 현상을 보여 준다. 이러한 경향은 SNS에서도 뚜렷하게 나타난다. 특히 "#thisisme", "#anxietywarrior", "#selflove" 같은 해시태그(hashtag)를 달고 감정 상태를 자아 선언처럼 표현하는 포스트들이 끊임없이 올라온다. 감정을 공유하는 것은 공동체적 연결을 형성하는 긍정적 도구가 될 수 있지만, 감정을 변화 가능한 상태가 아니라 고정된 자기 정체성으로 받아들이는 태도는 위험하다. 감정은 본질이 아니라 하나님 앞에서 다듬어져야 할 영역이다. 더 심각한 영역은 젠더(gender) 정체성 이슈에서 드러난다. 감정이 성별의 법적 결정 기준으로 인정되는 사례가 미국이나 유럽 일부지역에서 나타나고 있다. 미국 몽고메리 카운티 공립학교에는 한 학생이 느끼는 자신의 젠더 정체성을 교사는 그 감정을 존중해 해당 학생을 '그날의 성별'로 대우해야 한다는 가이드라인이 존재하고 있다. 이러한 상황들은 감정이 객관적 사실보다 우위에 서 있는 정체성 중심 문화의 단면임을 알 수 있다.

THIS IS ME

ANXIETY WARRIOR

SELF-LOVE

셋째, 감정이 자기표현의 수단이 된다. 감정을 솔직히 드러내는 것이 곧 건강한 삶 또 자유로운 삶이라는 인식이 사회 전반에 자리 잡고 있다. 감정을 억누르지 않고 표현하는 것은 분명 중요한 태도이지만 감정의 표현이 곧 감정의 치유를 의미하지 않는다. 감정은 표현이 아닌 해석과 성장의 과정을 통해 진정한 회복으로 이어질 수 있기 때문이다. 최근 릴스나 틱톡의 영상 중에 "하루 종일 멘붕 상태", "직장 상사에게 무시당한 날", "내 우울을 표현한 것" 등과 같은 감정 기반 숏폼 콘텐츠는 감정을 깊이 다루기보다는 피상적으로 소비하도록 만든다. 광고들 또한 소비를 통해 감정을 표현하고, 감정을 통해 정체성을 구현한다는 식의 메시지들을 전달하는데, 이는 상품 중심 문화와 감정 중심 문화를 연결시키는 지점이다. 뿐만 아니라, 유튜브나 블로그 등의 디지털 플랫폼에서는 "당신의 감정을 자유롭게 표현하세요"라는 식의 댓글 유도 문구가 확산되고 있다.

이러한 경향들은 결국 신앙생활에도 깊은 흔적을 남긴다. 감정은 소중하지만, 그 위에 진리를 세우는 것이 아니라 진리를 감정에 종속시킨다면, 신앙은 바람에 흔들리는 갈대와 같아진다. 신앙은 감정을 배제하지 않지만, 감정 위에 세워지지도 않는다.

5. 감정과 영성

감정 중심 문화가 신앙에 미치는 영향은 다음과 같은 3가지 방향으로 분석해 볼 수 있다.

첫째, 감정과 영성의 동일시이다. 신앙의 깊이가 감정의 강도와 동일시되는 현상이다. 예배에서 눈물이 흐르지 않거나 설교를 들은 후 마음이 벅차오르지 않으면 "오늘은 은혜가 없었다"라고 평가한다. 반대로 진리와 상관없는 감정적 고양만으로 "오늘 은혜 받았다"고 착각하기도 한다.

둘째, 고통과 침묵의 신앙적 가치의 상실이다. 성경은 고통, 기다림, 침묵의 시간을 신앙이 성장하는 중요한 통로로 가르친다. 욥기, 시편, 예레미야애가 등은 그 대표적인 책들이다. 그러나 감정이 불편한 것을 죄악시하는 문화 속에서는 이러한 성경의 흐름이 쉽게 받아들여지기 어렵다. 이로 인해 고통을 지나가는 신앙, 침묵 속에서 하나님을 찾는 신앙의 훈련이 사라지고 있다.

셋째, 감정적 피드백에 중독되어 간다는 것이다. 감정에 기반한 문화는 끊임없이 '좋아요', '공감', '댓글' 같은 피드백을 제공하며, 즉각적인 감정 보상을 유도한다. 이러한 구조는 기도와 묵상 등과 같은 훈련을 견디지 못하게 만들며, 빠른 결과만을 기대하게 만든다. 그러나 신앙은 인스턴트 식품이 아닌 농사와 같음을 기억해야 한다. 그렇지 않으면 결국 신앙은 깊이를 잃고, 감정의 파도에 흔들리는 얕은 구조로 전락하게 되고 말 것이다.

감정 중심 문화는 신앙생활의 본질을 점점 더 흐리게 만든다. 특히 다음 세대는 감정이 곧 은혜이며, 감정적 고양이 없으면 신앙도 없는 것처럼 느끼기 쉽다. 그 결과, 감정이 신앙의 깊이와 진정성을 판단하는 기준이 되는 왜곡이 발생한다. 그리스도인의 삶은 감정을 포함하지만, 감정에만 의존하지 않는다. 오히려 신앙은 진리 앞에서 감정을 정돈하고, 때로는 감정을 이끌어가는 결단이 요구되는 여정이라 할 수 있다. 성경은 그 예를 분명히 보여준다.

열왕기상 18장에는 엘리야가 바알과 아세라 선지자 850명과 맞서 싸워 하나님의 능력을 선포한 갈멜산 대결 장면을 담고 있다. 하나님은 하늘에서 불을 내려 응답하셨고, 엘리야는 하나님의 참되심을 당당하게 드러내는 승리를 경험했다. 그러나 이세벨의 협박 한마디에 엘리야는 두려움에 사로잡혀 광야로 도망치고, 심지어는 죽기를 간구할 정도록 낙심에 빠졌다. 이세벨이 위협적인 존재였던 것은 사실이다. 그러나 갈멜산에서의 놀라운 경험에도 불구하고 엘리야는 감정의 파도에 휩쓸려 진리를 잊고 스스로 무너지고 만다. 엘리야는 하나님의 살아계심을 누구보다 분명히 경험한 인물이었지만, 감정이 그 믿음의 확신을 잠식한 순간 그는 도망자가 되고 말았다. 그러나 하나님은 그런 엘리야를 정죄하지 않으셨다. 오히려 떡과 물을 주시며 돌보셨고, 세미한 소리 가운데 말씀하심을 통해 감정이 아닌 임재와 진리를 통해 다시 회복시키셨다. 하나님은 엘리야의 감정을 억누르지 않으셨고, 동시에 감정에 휘둘리도록 내버려두지도 않으셨다. 대신, 진리 위에 그의 감정을 다시 세우도록 하셨다.

감정 과잉 시대를 살아가는 다음 세대의 신앙에도 마찬가지다. 감정은 귀중하다. 그러나 감정은 진리 위에서 훈련되어야 한다. 감정에 의해 하나님을 판단하는 것이 아닌, 진리가 우리의 마음을 붙들어 줄 수 있다는 복음을 회복시켜 주어야 한다. 감정을 다루는 힘은 더 강한 감정이 아니라, 말씀과 공동체 안에서 해석되는 진리임을 가르쳐야 한다.

6. 사역적 대안

앞서 얘기했던 대로 감정 중심 문화는 단순히 감정이 많아진 시대를 의지하지 않는다. 감정이 곧 진리와 정체성, 판단의 기준이 되는 시대다. 따라서 이런 문화 속에서 사역은 감정을 부정하거나 단순히 억제하는 방식이 아니라, 감정을 '제자훈련의 재료'로 삼는 목회적 전환이 필요하다. 이는 단순한 활동이 아니라 감정이 신앙 안에서 건강하게 다루어지도록 돕는 구조적이고 지속 가능한 훈련 체계를 고민하고 개발해 나가야 한다.

감정을 훈련해 갈 수 있는 방법은 다양하겠지만 그중 몇 가지를 제안해 보면 다음과 같다.

먼저는 "느낀다"를 "해석한다"로 전환하는 훈련이다. 감정 과잉 시대라 말하지만 정작 자신의 감정을 말로 정확하게 표현하지 못하는 경우가 많다. "그냥 싫어요", "기분이 나빠요", "찝찝해요" 같은 모호한 감정 표현은 감정을 해석하고 다룰 수 없게 만든다. 자신의 감정에 대해 정확하게 해석을 할 수 있도록 해야 하는데, 이를 위해서는 '감정 어휘 카드' 등을 활용하는 것이다. 예배 후 소그룹 모임에서 예배 중 느낀 감정을 단어로 선택하게 하고 그 이유를 말로 실명하는 시간을 갖는 것이다. 이를 통해 감정의 원인을 탐색하고 그것을 말씀과 연결짓는 훈련을 쌓아 갈 수 있다. 또한 큐티와 같이 말씀 묵상에 있어서도 말씀을 읽고 느껴지는 감정이 무엇인지, 왜 그런 감정이 생겼는지를 질문하는 방식도 도움이 될 수 있다.

두 번째는 '침묵 훈련'이다. 현재 다음 세대의 가장 큰 문제로 여겨지는 것은 스마트폰 중독이다. 스마트폰을 통해 다양한 자극적인 콘텐츠에 노출되어 있고, 이는 도파민 중독으로 이어진다. 빠른 반응과 즉각적 만족을 추구하며 계속해서 자극적인 것을 찾기에 바쁘다. 물론 이런 시대적 문화를 반영해 예배와 수련회에서 적절하게 활용하는 것도 효과적일 수 있다. 그러나 감정의 훈련 측면에서는 화려한 시각적 연출과 분위기를 만들기보다는 의도적인 침묵의 시간을 배치하는 것이 필요하다. 이 침묵의 시간에는 묵상음악도 제거하여 오로지 말씀 본문과 함께 침묵할 수 있는 시

간을 제공한다. 이후, 침묵 후 나눔을 통해 감정이 없는 시간 속에서도 하나님이 계신다는 인식을 심어 줄 수 있다. 또한 고통과 슬픔을 부정적으로 인식하고 빨리 해결해야 하는 감정으로 인식하는 문화에 노출되어 있는 다음 세대에게 성경 속 고통의 내용들을 묵상하게 하고, 각자의 삶에서 경험되는 고통과 연결시키는 훈련도 감정을 다스려 가는 데 도움이 될 수 있다.

마지막으로는 공동체 안에서 신앙의 근본 질문이 회피되지 않고 다루어질 수 있도록 하며, 감정 나눔과 돌봄이 훈련되도록 하는 것이다. 감정을 표현하는 통로는 점점 더 많아졌지만, 정작 감정을 해석하고 품어 줄 안전한 관계와 환경은 부족해졌다. 또한 초개인화되어 가는 시대 속에서 공동체의 돌봄은 매우 중요하다. 다음 세대는 자신의 감정을 SNS를 통해 드러내는 데는 익숙하지만 공동체 안에서 감정을 나누고 함께 돌보는 훈련을 거의 받지 못하고 있다. 그 결과 감정은 더 자주 드러나지만 더 깊이 고립되고 있는 경우가 있다. 감정은 하나님께서 주신 중요한 정서적 신호이며, 공동체는 그 감정을 해석하고 붙들어 줄 수 있는 복음적 공간이 되어야 한다. 감정을 억누르지 않고 또한 방치하지 않으면서 말씀 안에서 그 감정을 공동으로 해석해 주는 경험이 다음 세대에게는 더욱 절실해 보인다. 이를 위해서는 신앙공동체 또한 개인의 감정을 비판 없이 받아 주는 공간이자 말씀 안에서 해석해 주는 영적 안내자가 되어 줄 수 있어야 한다. 공동체가 감정 치유의 빙이 되고, 교회가 정서적 성숙의 학교가 되는 구조로 전환될 때, 다음 세대는 감정을 통해 하나님께 더 가까이 나아가게 될 것이다.

감정은 하나님께서 우리에게 주신 귀한 선물이며, 신앙은 감정을 포함하는 인격적 반응이다. 그러나 감정이 신앙의 기준이 될 때, 신앙은 얕아지고 흔들리며, 결국 자신도 하나님도 신뢰하지 못하는 불안정한 구조로 전락하게 된다. 그렇기에 오늘날의 사역은 감정을 억누르거나 비난하는 방식이 아니라, 감정을 복음 안에서 해석하고 정돈할 수 있도록 돕는 목회적 전환을 요구하고 있다. 감정은 진리 앞에서 다듬어져야 하며 공동체 안에서 품어지고 훈련되어야 한다. 이는 단순한 기법이나 프로그램이 아니라, 삶을 새롭게 하는 복음의 진리 안에서 이루어져야 할 깊은 제자도 훈련이다.

이제 우리는 다음 세대의 신앙을 감정의 파도 속에서 건져내기 위해, 말씀의 반석 위에 다시 세워야 한다. 감정이 주는 감동이 아닌, 복음이 주는 확신 속에서 자신을 바라보도록 도와야 한다. 그리고 이 지점에서 우리는 다음 세대의 더욱 깊은 영적 갈등과 정체성의 혼란을 마주하게 된다.

지금의 다음 세대를 바라보면, 정보는 넘쳐 나고 감정은 부풀어 오르지만 정작 "나는 누구인가?"라는 질문 앞에서는 쉽게 길을 잃는다. 그들은 스스로를 설명할 수 없고, 비교 속에서 자신을 증명하려 애쓰며, 끊임없이 자신을 포장하고 브랜딩해야 살아남는다고 느낀다. 자존감이란 단어는 익숙해졌지만, 정작 자기 자신을 제대로 이해하고 사랑하는 법은 모르는 것 같다. 감정을 자유롭게 표현하지만, 진짜 자신이 누군인지는 알지 못한 채 방황하고 있다. 이 시대의 문화는 "네가 느끼는 것이 너다" 라는 메시지를 반복한다. 그러나 최근 연예인이나 인플루언서들에 대한 대중의 반응이 급격하게 바뀌는 것을 보면 알 수 있듯이 감정은 흔들리고, 타인의 시선은 늘 바뀌기 마련이다. 그 결과 다음 세대는 흔들리는 감정과 유동적인 이미지 위에 자신을 세우고, 끊임없이 불안정한 정체성을 붙잡고 살아간다. 이 혼란한 시대 속에서 복음을 통해 다시 물어야 한다.

"너는 누구인가?" 이 질문에 대해 말씀 속에서 분명한 답을 찾을 수 있도록 도와야 한다.

7. 자존감 혼란

최근 '자존감'과 관련된 콘텐츠들을 쉽게 접할 수 있다. 학교, 상담, 유튜브, 자기계발 콘텐츠, SNS에 이르기까지 "자존감이 높아야 행복하다"는 식의 메시지가 끊임없이 쏟아진다. 그러나 아이러니하게도, 자존감을 높이기 위한 콘텐츠가 범람하는 시대에 자존감이 낮은 다음 세대는 계속 증가하는 듯 보인다. 자존감이 낮다는 말은 곧 자신이 누구인지 명확히 알지 못하고, 자신을 바라보는 기준이 불안정함을 뜻한다. 결국 자존감 문제는 단지 기분이나 태도의 문제가 아니라, 정체성의 위기에서 비롯된 깊은 문제다. 그럼 왜 다음 세대들의 자존감이 무너지고 있는가?

다양한 원인들이 있겠지만 우선 생각해 볼 수 있는 것은 '비교 중심의 문화'이다. 현대 사회는 자존감을 절대 가치로 인정하지 않는다. 늘 상대 비교 속의 우위를 통해서 자기를 긍정할 수 있도록 만든다. 이런 구조는 자존감을 성취 기반 또는 이미지 기반으로 해석하는 경향이 강하다. "내가 얼마나 잘하고 있는가", "다른 사람들보다 얼마나 괜찮아 보이는가"에 따라 자존감이 형성된다는 것에 문제가 있는데, 이런 기준은 매우 유동적이기 때문이다. 이런 기준에 기반한 자존감은 학업 성적이 떨어지거나, 외모가 기준에 못 미치거나, SNS 반응이 좋지 않으면 순식간에 흔들린다. 그리고 '더 나은, 더 멋진, 더 인정받는 나'가 되어야 한다는 압박 속에서 끊임없이 자신을 소비한다. 유튜브 콘텐츠 중에서도 자존감에 관련된 내용들을 보면 소비, 자기관리, 외모 개선에 초점이 맞춰져 있는 경우가 많다. 이것은 자존감을 '만들어 가는 것'으로 오해한 결과, 자존감이 높아지는 것이 아니라 비교의 늪에 빠지게 되는 것이다.

복음은 하나님의 사랑은 조건 없는 선물이라고 가르치지만 자존감이 낮은 이들은 이것을 온전하게 믿지 못하는 경우가 있다. 성경에서는 자존감이란 단어가 직접 사용되지 않는다. 그러나 하나님은 분명히 사람을 창조하시면서 존재 가치와 존엄함, 사랑받는 존재, 선한 목적에 따라 지음 받은 존재임을 강조한다. 성경이 말하는 자존감은 스스로를 근거로 한 자기 긍정이 아닌 하나님의 시선 속에서 나를 바라보는 자기 인식이다. 자존감은 더 강한 자기 확신으로 회복되지 않는다.

8. 자아 브랜딩의 압박

다음 세대는 자신을 끊임없이 '포장하고 마케팅'해야 하는 자아 브랜딩(Self-Branding)이라는 압박 속에 살아가고 있다. 이제 "나는 누구인가?"는 "나는 어떻게 보여지고 싶은가?", "나는 어떻게 평가 받는가?"라는 질문으로 바뀌었다. 정체성은 스스로 인식하고 받아들이는 내면의 자신이 아니라, 대중의 반응을 통해 외부에서 결정되는 상품이 되어 가고 있다.

과거에는 정체성이 내면과 관계 속에서 길러졌다면, 지금은 디지털 콘텐츠 안에서 보여지는 이미지가 나를 설명하는 방식으로 자리 잡았다. SNS의 프로필 사진, 필터, 리그램된 글귀, 피드의 배치, 라이프스타일 콘텐츠 하나하나가 설계된 정체성이며, 자기 브랜딩에 성공한 사람들이 더 주목받고 인정받는 분위기이다. 그 결과 '진짜 나'는 점점 사라지고, 대신 '보여지는 나' 또는 '타인이 좋아할 법한 나'만 존재하게 된다. SNS에서 나를 더 멋지게 보이도록 꾸미는 것이 자연스럽다고 응답한 이들이 과반을 넘는다는 조사 자료를 본 적이 있다. 결국 사람들에게 보여지는 SNS의 나는 현실보다 더 나은 내가 되어야 한다는 '보여지는 나'가 강조되고 있는 것이다. 자아 브랜딩의 또 다른 문제는 '보여지는 나'에 대해 사람들이 얼마나 기억하는가에 있다는 것이다. 자신의 SNS에 좋아요 수, 댓글 반응, 조회수, 공유 수 등은 단순한 지표가 아니라 자기 존재의 가시성을 증명하는 지표로 기능한다. 이런 구조는 다음 세대에게 끊임없는 노출과 피드백 요구를 부추기며 이는 무의식 중 자신의 글에 반응이 없으면 쓸모없는 존재로 받아들이는 왜곡이 일어난다. 결국 이 문화는 끊임없는 비교와 피로, 자기 불신으로 이어지며 정체성은 더는 '있는 그대로의 나'가 아닌 '기억되는 나'로 축소될 수 있다.

이런 자아 브랜딩은 신앙의 본질에도 영향을 끼칠 수 있다. 신앙적으로 괜찮은 사람처럼 보이기 위해 자신의 진실한 신앙고백과는 상관없이 복음을 콘텐츠로 소비할 수 있다. 결국 복음을 삶을 바꾸는 진리가 아닌 나를 포장하는 도구로 전락시킬 수 있다는 것이다. 이러한 문화 속에 정체성은 꾸며지는 것이 아닌 하나님의 시선 안에서 발견되는 선물임을 가르칠 수 있어야 한다.

9. 가정의 붕괴와 돌봄의 부재

정체성은 관계 속에서 자라는 것이다. 그리고 그 관계의 출발점은 바로 가정이다. 하나님은 인간을 공동체 속에서 자라도록 디자인 하셨고, 그중에서도 부모와 자녀의 관계는 인간 존재의 안정감과 자기 수용의 출발점이라 할 수 있다. 하지만 오늘날 다음 세대는 그 관계의 기초부터 흔들린 환경 속에 살아가고 있다. 지금 우리 사회는 가정의 해체가 더 이상 예외적 사건이 아니라, 일상적 풍경이 되어 가고 있다. 부모의 이혼 또는 별거, 조손가정이나 한부모 가정은 증가하고 있다. 또한 부모와의 관계 속에서 정서적 단절 또는 방임적 양육 그리고 경제적 불안정으로 인한 양육의 부재에 따른 사회적 문제가 계속해서 증가하고 있다.

이런 환경 속에서 자란 아이는 정체성의 기반이 무너져 있을 가능성이 높고 신앙에서도 하나님을 신뢰하기 어려워할 수 있다. 이는 단순한 신학적 오해가 아니라, 가정에서의 '부모 경험'을 통해 하나님에 대한 인식이 번역된다는 사실을 이해해야 할 필요가 있다. 가정의 부재를 경험하는 다음 세대는 정서적, 관계적 그리고 신앙적 방황에 쉽게 노출되며 교회 안에서 관계를 깊게 맺지 못하거나 공동체를 피하고 쉽게 떠나는 등 스스로 고립될 수 있는 존재가 될 수 있다.

10. 사역적 대안

앞서 살펴본 것처럼, 오늘날의 다음 세대는 자존감의 불안정, 자아 브랜딩의 압박, 그리고 가정의 해체라는 복합적인 문화 속에서 자신의 정체성을 온전히 세우기 어려운 환경에 놓여 있다. 정보는 넘치지만 자신에 대한 이해는 깊지 않고, 감정은 쉽게 표현되지만 자신의 존재에 대한 확신은 점점 더 약해지고 있다. 이러한 상황에서 복음이 회복해야 할 가장 중요한 사역은 바로 정체성의 재정의라 할 수 있다. 정체성은 복음 안에서 재발견되어야 하며, 교회는 이 세대에게 '하나님이 말씀하시는 나'를 발견하도록 돕는 훈련의 장이 되어야 한다. 이런 방향성에 맞춰 제안할 수 있는 사역적 방법을 정리하면 다음과 같다.

먼저는 "나는 누구인가?"라는 질문을 큐티, 예배, 공동체 나눔에서 지속적으로 던질 수 있도록 훈련한다. 물론 수련회에서도 많이 다루고 있는 주제이기도 하다. 그러나 성경이 말하고 있는 나의 존재에 대해 큐티와 예배, 공동체 나눔 속에서 반복적으로 경험하게 해야 한다. 성경 인물들을 통해 정체성을 연결하는 시리즈 설교 또는 정체성을 주제로 한 묵상집을 준비해서 일정 기간 동안 정체성에 대해 정립할 수 있는 시간을 제공해야 한다. 이런 시간들을 통해 정체성을 감정의 기복이나 타인의 반응이 아니라, 복음의 언어로 새롭게 정립할 수 있는 기회가 될 수 있다. 또한 SNS

금식 캠페인, 디지털 디톡스 훈련, 정체성 묵상집 제작 등으로 외적 자극보다 내면의 복음 언어에 집중하도록 돕는다.

위에서 언급한 대로, 오늘날 다음 세대는 가정의 붕괴와 돌봄의 부재로 가정에서 정체성의 기초를 형성하지 못하는 경우가 많다. 이는 결국 하나님을 신뢰하지 못하거나 공동체 안에서도 쉽게 고립되고 떠나는 패턴이 반복될 수 있다. 이러한 상황 속에서 교회는 단지 예배드리는 공간이 아니라, 가정의 빈자리를 채워 줄 복음의 가족이 되어야 한다. 믿음 안에서 가족이라는 비전을 삶으로 경험할 수 있도록 해야 한다. 이를 위해서 교회 내 '기도 부모 결연'과 같은 프로그램을 시도해 볼 수 있다. 이 프로그램은 다음 세대에게 기도와 축복, 말씀으로 자신을 붙들어 줄 장년 세대의 신앙 부모를 연결해 주는 구조이다. 장년 성도들은 매주 매칭된 다음 세대의 이름을 부르며 기도하고, 정기적으로 격려의 메시지를 전달하고, 분기별로 직접 만나 기도와 교제를 할 수 있는 시간을 갖는 것이다. 이는 단순한 프로그램을 넘어서서 가정의 단절과 정체성 붕괴를 경험하는 다음 세대에게 하나님 나라의 가족 됨과 공동체의 가치를 경험하게 할 수 있는 복음의 실제가 될 수 있다. 교회가 단지 예배드리는 공간이 아니라 가정의 빈자리를 채워 주고 돌봄이 이루어지는 공간으로 전환될 수 있다. 또한 이런 관계적 사역은 장년 세대와 다음 세대를 연결시키고 교회 안에서 한 공동체로 세워 가는 데 중요한 중추 역할을 할 수 있을 것으로 기대 된다.

정체성은 만들어 내는 것이 아니라 말씀 안에서 발견되어야 할 복음의 선물이다. 교회는 다음 세대에게 성경이 말하는 정체성을 분명히 가르쳐야 한다. 정체성의 회복은 단지 자기 긍정을 가르치는 일이 아니다. 그리스도 안에서 자기 존재를 재발견하게 하는 일이며, 그리스도의 몸 된 공동체 안에서 그 존재를 살아 내게 돕는 사역이다. 복음은 우리의 정체성을 꾸며진 자아가 아닌, 하나님의 형상으로 지음 받은 존재로 선언한다. 교회는 이 시대의 흔들리는 다음 세대에게 진리 안에서 이렇게 말해 주어야 한다.

> "너는 너를 정의하지 않는다. 너는 하나님의 것, 사랑받기 위해 지음 받은 자이다."

11. 복음, 그 길 위에 서다

> "이 세대를 본받지 말고, 오직 마음을 새롭게 함으로 변화를 받아 하나님의 선하시고 기뻐하시고 온전하신 뜻이 무엇인지 분별하도록 하라"(롬 12:2).

다음 세대가 직면한 시대는 단지 새로운 문화가 유입된 시대가 아니라 복음의 중심을 흔드는 문화가 일상이 된 시대이다. 시대의 문화는 점점 더 빠르게 흘러가고 있고, 다음 세대는 그 속에서 자신을 잃어가고 있다. 정보는 넘치고, 감정은 흔들리고, 정체성은 혼란스럽다. 그들은 끊임없이 무언가를 알고, 느끼고, 증명해야 한다는 압박 속에서 살아간다. 그러나 정작 "나는 누구인가?"라는 질문 앞에서는 쉽게 방향을 잃고 있다. 그 어떤 세대보다 연결되어 있지만, 그 어느 때보다 고립되어 보인다. 말씀을 접할 수 있는 환경은 많아졌지만 그 말씀을 삶으로 살아내는 훈련은 약해져 있고, 감정은 솔직히 표현되지만 그 감정이 말씀 안에서 해석되지 못한 채 흩어지고 있다. 정체성은 더 멋지게 '보여지는 나'로 치장되지만, 하나님의 시선 앞에서 '있는 그대로의 나'를 마주하기는 점점 더 어려워지고 있다.

이러한 시대적 문화 속에서 2026년도 다음 세대 사역에 중점을 두어야 할 것을 제안하면 다음과 같다.

- 말씀 해석력을 길러주는 성경적 세계관 훈련
- 감정을 진리 안에서 다루는 정서적 제자훈련 체계
- 비교와 브랜딩 문화 속에서 정체성을 회복하는 복음 중심 사역 구조
- 가정의 붕괴와 돌봄 부재를 극복하는 공동체적 돌봄과 연결 프로그램

이 제안에 중점을 두고 교회의 상황에 맞춰 다양한 사역들을 개발할 수 있게 되길 기대한다. 그러나 이러힌 사역에서 놓치지 말아

야 할 것은 그리스도의 복음은 여전히 변하지 않는다는 것이다. 예수 그리스도의 길은 이 시대의 흐름을 거슬러 가는 길이며 동시에 이 시대를 회복시키는 유일한 길이라 믿는다. 복음은 단지 정보를 더하는 말씀이 아니라, 삶을 새롭게 빚어 가는 하나님의 이야기다. 감정은 억눌러야 할 대상이 아니라, 진리 안에서 정돈되어야 할 인격의 일부이며, 정체성은 내가 만들어내는 브랜드가 아니라 하나님 안에서 주어지는 존재의 선포이다.

현재의 문화 흐름 속에서 다음 세대 사역에 대한 전략을 다시 제안하는 데 있어서 결국 신앙의 본질인 '제자의 길'로 돌아가야 한다고 말하고 싶다. 특징되어지는 현상이나 트렌드에 맞춰 사역을 고민하는 것도 필요하다. 그러나 궁극적으로 다음 세대 사역의 목적은 그들을 교회 안으로 초대만 하는 것이 아닌, 그들이 진정한 신앙인으로 세워져 가야 한다. 이를 위해 감정 위에 믿음을 세우는 것이 아니라 말씀 위에 감정을 훈련하고, 정보를 쌓는 데에 그치는 것이 아니라 해석하고 살아가는 데까지 나아가야 하며, 자존감을 북돋는 수준을 넘어 그리스도 안에서 내가 누구인지 말씀으로 새롭게 선언해야 한다. 또한 이 시대의 문화 속에서 복음을 전한다는 것은 단지 예배를 드리는 일이 아니다. 삶의 모든 자리에서 예수 그리스도의 방식으로 살아가도록 초대하는 일이다. 그 초대를 위해 우리는 말해야 한다. 그러나 그보다 먼저 복음의 길을 살아 내야 한다. 지금 우리에게 주어진 사명은 단순히 더 좋은 프로그램을 만드는 것이 아닌 말씀으로 해석하고 복음으로 살아 내는 공동체가 되는 것이다. 우리들의 교회가 복음의 길, 제자의 길 위에 먼저 서길 기도하며 다음 문장으로 글을 마무리하려 한다.

"복음은 시대를 거스르지 않는다. 오히려 시대를 회복한다."

CHAPTER 7

콜드 타임
(Cold Time)을
극복하는 목회 리더십!

핵심키워드
:
**콜드 타임을 극복하는 리더십의 기본,
공감 리더십**

콜드 타협을 극복하는 리더십의 기본, 공감 리더십

북극의 빙하처럼

한국 교회를 보면 서서히 녹아내리는 북극의 빙하를 보는 듯하다. 문제의 심각성은 인식하지만 대안을 실천하지 않는다. 기후 위기를 말하지만 심각하게 느끼고, 긴급성을 가지고 개선하려는 절박함이 보이지 않는다.

시골에서 초등학교 학생들이 줄어들어 결국 문을 닫는 것처럼 교회학교도 인원이 줄고 하나둘씩 교회 문을 닫고 있다.

그런데 모두가 그런 것은 아니다. 문제를 심각하게 인식하고 고민하면서 대안을 찾고 시도하는 곳은 살아난다. 그 중심엔 목회 리더십이 있다. 리더 한 사람이 어떤가에 따라서 공동체의 흥망성쇠가 바뀐다. 살리는 리더가 있고 죽이는 리더가 있다.

요~ '나'가 문제

개인적으로 막노동을 하다가 신학 공부를 하고 목회자가 되어서 목회 리더십이 형편없었다. 그때 목회 리더십의 문제를 인식하였다.

"왜 선생님들은 나를 안 따라 줄까?"
"왜 아이들은 내 말을 안 들을까?"

남 탓을 하니 불평, 불만, 불신의 늪에 빠져 점점 고통스러웠다. 그러다 성령의 깨닫게 하심으로 나를 보기 시작했다. 기도 중에 하나님께서 이렇게 말씀하셨다.

"네가 진상이다."

보혜사 성령님께서 나를 호되게 꾸짖으셨다. 핵심은 교사와 아이들이 문제가 아니었다. 요~'나'가 문제였다. 그때부터 나를 바꾸기 시작했다.

처음에 시도한 것은 독서를 통해서 부족한 정보를 보완하고 스스로를 자극하고 성장시키는 작업을 하였다. 매주 리더십에 대한 책을 읽고 중요하거나 강한 도전이 되는 문구는 따로 정리했다. 그리고 현장에서 사역하면서 스스로의 문제점을 수정하고 보완하는 작업을 이어갔다.

나를 바꾸자 모든 것이 바뀌었다. 공유, 공감, 소통이 일어났다. 섬김이 즐거워졌다. 교사들이 행복해하였다. 아이들이 리더십을 발휘하며 변화되었다. 놀랍게도 가는 교회학교마다 살아나기 시작했다. 섬기는 부서마다 부흥을 경험하였다.

새샘교회, 꿈꾸는교회, 무학교회, 산본교회를 섬기면서 교회마다 상황이 다르기에 연구하고 분석하여 각 교회의 상황에 맞게 리더십의 스위치를 바꾸어 주었다. 그 결과 열매를 맺는 사역이 이어졌다. 후퇴란 단어가 내 사전에서 사라졌다. 목회 리더십을 정리하면서 그런 변화의 키를 고민하며 나눈다.

다음 세대 목회 리더십이 고장 난 이유로

  "다음 세대가 위험하다."
  "다음 세대가 죽어 간다."
  "다음 세대를 살리자."

같은 구호가 난무한다. 슬로건이 넘친다. 그런데 말뿐이다. 공허한 울림이다. 다음 세대 목회 리더십이 고장 난 이유는 구호나 슬로건이 부족해서가 아니다. 오히려 넘치고 있다. 그런데 무엇이 문제일까? 5가지를 통해 현실을 진단해 본다.

1. 껍데기만 남았다

요한계시록에 나타난 사데교회를 보면 주님께서 이런 경고를 하신다.

> "내가 네 행위를 아노니 네가 살았다 하는 이름은 가졌으나 죽은 자로다"(계 3:1).

굉장히 심각한 진단이다. 겉은 화려한 신앙 같으나 속은 초라한 신앙이라는 진단이기 때문이다. 어쩌면 오늘 우리 시대를 향한 메시지란 생각이 든다.

사실 살았으나 죽은 신앙은 가장 위험하다. 나는 잘 믿는다고 생각했는데 그것이 아니기 때문이다. 착각이기 때문이다. 본질은 죽고 형식, 껍데기만 남은 신앙은 위험하고 치명적이다.

중국에서 집회를 마치고 강사 대접을 하는데 유명한 횟집이었다. 회가 나오는데 식사를 시작하면서부터 마칠 때까지 고기가 눈을 깜박깜박하면서 살아 있었다. 좀 잔인하고 끔찍했다. 그만큼 신선함을 보여주고자 한 것 같았지만 그 생선을 보면서 '살았으나 죽은 자라는 신앙이 이런 모습이 아닐까' 하는 생각이 스치고 지나갔다. 그 고기는 몸통이 다 칼로 도려지고 해체가 되어 먹기 좋은 횟감이 되어 있었다. 뼈와 신경조직만 남아 있었다. 교묘하게 신경 조직을 살려 두어서 몸통의 살을 손님들이 다 먹었는데도 눈은 깜박거리고 있었다. 그렇다면 그 생선은 살았을까? 죽었을까? 살았으나 죽은 생선이다.

우리의 신앙이 뼈만 남고 해체된 생선과 같은 신앙이 되어서는 안 된다. 사탄이 잡을 수 없는 펄떡이는 신앙이어야 한다. 교사와 사역자가 살아 있어야 한다. 다음 세대는 교사와 사역자를 보고 있다. 그대로 따라간다. 껍데기만 남은 신앙이 아니라 교사와 사역자 속에 지금 여기에서 일하시는 하나님을 보고 듣고 따라가도록 생생하게 살아 있어야 한다.

2. 다음 세대와 공유, 공감, 소통을 못한다

한국 교회를 보면 다음 세대를 향한 공유, 공감이 부족해 보인다. 구호와 슬로건은 요란하지만 실속이 없다. 실속이 뭔가? 지원, 후원, 자원이다. 이것이 흘러가는 것이 실속이다. 가정은 자녀를 위해서 최고의 우선순위와 중요순위를 자녀교육에 둔다. 교회가 그래야 한다. 지원, 자원, 후원으로 공유하고 공감한다는 것이 눈으로 보여야 한다.

요한계시록의 소아시아 7교회 가운데 에베소 교회를 향해 주님은 이렇게 말씀하신다. "너를 책망할 것이 있나니 너의 처음 사랑을 버렸느니라"(계 2:4) 이 말씀은 이런 말이다. "사랑이 식었다. 사랑을 버렸다." 사랑이 식으면 공유, 공감이 사라진다.

어쩌면 다음 세대가 부르짖는 소리, 통곡하고 아파하고 상처받고 신음하는 소리를 가장 먼저 들어야 하는 곳은 교회인데 그 소리를 듣지 못한다. 스스로 점검해 보자.

"재정이 어디로 흘러가는가?"
"교회의 인적 자원을 어디에 가장 많이 쏟아붓는가?"
"든든한 키다리 아저씨처럼 후원이 어디로 쏠리는가?"

3. 리더십에 대한 기본기가 없다

교회는 리더가 깨어 있어야 한다. 리더가 리더로 깨어 있지 않으면 교회는 서서히 침체로 빠지고 침몰한다. 어두운 시기일수록, 힘든 시간일수록 리더는 깨어서 공동체를 향한 하나님의 마음과 생각을 담아내어야 한다.

리더는 선한 영향력을 끼쳐서 공동체를 하나님의 선하시고 기뻐하시고 온전하신 뜻을 향해 나아가도록 하는 것이 필수다. 기본이다. 이것이 탄탄하면 공동체가 살아난다.

그런데 리더십이 없기에 선한 영향력이 없다. 하나님의 뜻을 분별하고자 씨름하지 않는다. 공동체를 하나님의 계획 가운데로 인도하지 못한다. 리더십의 기능이 고장이 난 것이다.

리더는 멤버가 하는 일을 도와서 할 수 있지만 멤버가 할 수 있는 일만 해서는 안 된다. 리더의 자리는 멤버가 보지 못하는 것을 보고, 하지 못하는 일을 하는 자리이다. 리더는 끊임없이 하나님이 원하시는 방향으로 공동체를 인도해야 한다. 그러기 위해 먼저 하나님의 음성을 경청하는 시공간을 가져야 한다.

리더가 큐티를 하지 않으면서 큐티를 하라고 할 수 없다. 리더가 기도하지 않으면서 기도하라고 할 수 없다. 리더가 예배자가 아니면서 예배자가 되라고 할 수 없다. 리더가 이끌고 인도하지 않으면 리더십이 고장 난다. 고장 난 리더십은 공동체를 혼돈하고 공허하게 만든다.

4. 코칭과 멘토링을 받아 본 적이 없기 때문이다

교회학교와 다음 세대 사역은 누군가 코칭과 멘토링을 해 주어야 건강하게 섬길 수 있다. 코칭이나 멘코링이 사라지면 모든 것을 스스로 감당해야 한다. 처음에는 의욕적으로 시작하지만 각종 파도에 부딪히면서 상처받고 아파하다가 사라지는 경우가 많아진다.

리더가 교사를 향한 코칭과 멘토링을 하지 못하면 누군가 그 일을 대신해 주어야 한다. 코칭과 멘토링은 성장을 가져온다. 변화를 가져온다. 작은 코칭이 삶을 바꾼다. 작은 멘토링이 공동체를 바꾼다. 다음 세대 사역을 한다면 사역자는 교사를, 교사는 학생을 코칭하고 멘토링하는 것이 필수이다.

5. 겸손하게 배우려 하지 않기 때문이다

다음 세대 사역을 하는 사역자와 교사는 겸손해야 한다. 교만하면 배우려 하지 않는다. 배우지 않으면 더 이상 성장하고 성숙하지 못한다. 오랫동안 많은 사역자를 지도하면서 가장 안타까운 것은 자신을 지나치게 높이 평가하여 성장을 멈춘 이들을 볼 때였다.

다음 세대 사역자는 다음 세대에게도 배울 수 있어야 한다. 나는 더 이상 배울 필요가 없다는 태도는 관계를 단절시킨다. 관계가 단절되면 리더십이 작동하지 않는다. 사실 사역을 하다 보면 그 사람의 말이 중요하지 않고 그 사람이 어떤 사람인가가 더 중요하다. 배우려는 사람을 싫어하는 사람은 없다. 겸손한 태도와 자세를 가진 사람은 시간이 흐를수록 점점 더 사랑받고 인정받는다.

그러면 다음 세대를 위한 교사와 사역자의 목회 리더십을 어떻게 해야 할까?

다음 세대를 위한 교사와 사역자는 목회 리더십을 훈련해야 한다. 목회 리더십이 있으면 공동체가 건강해진다. 소그룹이 건강해진다. 지금은 흉년의 때다. 아무리 뿌려도 소출이 적다. 적으면 그나마 안심이고, 뿌리고 거두지 못하는 경우도 허다하다. 그럴수록 우물을 파야 한다. 목회 리더십을 건강하게 하려면 5가지 우물을 파야 한다.

첫째, 잘 먹여야 한다.

나는 이런 말을 듣고 의심한 적이 있다. "목구멍이 열리면 마음이 열린다." 그런데 오랫동안 사역하면서 깨닫는 것은 이 말이 사실이라는 것이다. 누구든지 함께 먹고 마시면서 잘 먹어야 마음이 열린다. 마음이 열리면 관계가 열리고, 관계가 열리면 공동체의 미래가 열린다.

사역을 할 때 먹기에 힘썼다. 자주 기회를 만들어 좋은 것을 함께 나누어 먹는 시간을 가졌다. 민들레 영토를 가고, 맛집을 찾아갔다. 유명한 음식점이나 카페를 가서 함께 시간을 보냈다. 그것이 소문이 나면서 사랑이 많다는 소리가 들려왔다. 맞다. 잘 먹으면 사랑이 많다는 소리와 소문이 퍼진다. 잘 먹으면 함께 동역하는 동역자들이 힘을 얻는다.

가끔 개그맨들이 여행을 하면서 진행하는 〈니돈내산 독박투어〉라는 프로그램을 본다. 내돈내산의 법칙을 알아야 한다. 내 돈 내고 내가 사는 것이다. 개인적으로 사역을 하면서 수시로 개인적인 사비를 털어서 섬겼다. 교사도 학생들도 그것을 안다. 언젠가 제자들이 찾아와서 맛집에 가서 식사를 대접하면서 이런 고백을 했다.

> "목사님은 좀 달랐어요."
> "뭐가?"
> "목사님은 사비를 털어서 자주 밥을 사 주셨어요."
> "그런데?"
> "오랜 시간을 지나고 보니 사비를 털어서 사주는 것을 당연하게 생각했었는데 그런 분은 별로 없었어요."

그 순간 '아하' 하는 깨달음이 왔다. 사실 다음 세대 사역을 하면서 수없이 돈을 허비하였다. 거룩한 낭비를 하였다. 나를 위해서가 아니라 하나님 나라를 위해서, 한 영혼을 위해서 거룩한 허비를 할수록 그들은 시간이 지나면서 동역자가 되었다.

둘째, 잘 놀아야 한다.

함께 곁에 머무는 것이 리더십이다. 다음 세대는 수직적 리더십보다 수평적 리더십을 원한다. 과거에는 군사 문화의 영향으로 수직적 리더십이 통했다. 그런데 다음 세대는 태생 자체가 민주주의에서 태어났고, 선진국에서 자랐다. 온갖 문화를 누리고 자랐다. 이런 다음 세대에게 선한 영향을 끼치는 교사와 사역자는 잘 노는 사역자이다.

잘 노는 것은 영성적인 것이 아니라는 편견은 버려야 한다. 다음 세대와 잘 논다는 것은 그들의 눈높이를 맞추는 것이다. 그들과 곁에 서서 함께 동행하는 것이다. 똑같아지는 것이 아니라 한 발 앞서 걸어가면서 어른으로서 다음 세대를 위한 놀이의 장을 만들어 주는 것이다. 다음 세대는 흥미와 재미와 의미가 만나야 변화가 나타난다.

틱톡, 릴스, 쇼츠에 길들여진 세대여서 순간 순간 관심사가 바뀐다. 60초 이내의 각종 영상에 길들여진 세대이다. 게임을 하면서 대화를 하고, 놀이를 하면서 교제를 나눈다. 잘 논다는 것은 다음 세대와 어울리는 것이다. 그들의 말을 경청하고, 고민과 고통에 공감을 하면서 그들의 눈높이에서 앞에서 인도하는 것이다.

언젠가 청소년 사역을 했을 때 만난 제자가 잘 놀아 주어서 고맙다고 인사를 한다. 사실 잘 놀아 주었던 기억이 없어서 의아했다.

그래서 왜 잘 놀아 주었다고 생각하는지 물었다.

"난 놀아 준 기억이 없는데 무슨 소리지?"
"전도사님은 항상 저희들이 무엇을 하든지 곁에 머물러 주고, 보호자가 되어 주셨어요. 그리고 저희가 어떤 모임을 하든지 끝까지 기다리다가 가장 늦게 가셨어요."
"그게 놀아 준 거라고?"
"그럼요. 저희와 함께 노는 것도 필요하지만 곁에 머물러 주는 것만으로 참 좋았어요."
"아하, 그렇구나."

셋째, 잘 배워야 한다.

겸손하게 배우는 사람은 계속 성장한다. 교만한 사람은 배우지 않는다. 자신이 부족하다고 느끼는 사람은 누구에게든지 배우려 한다. 어떤 상황에서도 배우려 한다. 그들의 마음과 생각은 늘 유연하다. 부드럽고 따뜻하다.

목회 리더십은 배우는 사람을 통해 흘러간다. 배우려 하지 않는 교사나 사역자는 쌍방향 소통을 하지 못한다. 명령형의 단어를 자주 사용한다. 자신은 헌신하거나 희생하지 않고 타인의 희생과 헌신을 강요한다.

다소 부족하고 연약해도 배우려는 교사와 사역자를 만나면 성장의 즐거움이 있다. 그러나 배우려 하지 않는 교사나 사역자는 자신이 기준이고 중심이어서 딱딱하다. 굳어 있고 공감하지 못한다.

사역은 관계가 중요하다. 수직적 관계에서 수평적 관계로 들어가서 공유, 공감, 소통을 통해서 다음 세대의 마음의 소리를 들을 수 있어야 한다. 다음 세대에 귀를 기울이는 교사와 사역자는 공감형의 단어를 자주 사용한다. 자신을 희생하고 헌신하면서 성육신하신 예수님처럼 다음 세대를 섬긴다.

넷째, 잘 섬겨야 한다.

섬김은 보고 듣고 경험하며 배우는 것이다. 개인적으로 다음 세대 사역을 하면서 교사와 리더들의 선물을 꼭 챙겨 주곤 하였다. 작은 섬김이지만 효과는 컸다. 공동체가 사랑으로 채워지고 서로를 향한 환대의 영성이 생겼다. 처음부터 그렇게 하지는 못했다. 두 번째 교회에서 사역을 하면서 기도하다가 잘 섬겨야 한다는 생각이 계속 떠올랐다.

사실 교사들 한 분 한 분이 너무 고마웠다. 주중에는 힘들게 일하고, 주일에는 힘들게 다음 세대를 섬기는 봉사를 하시는 한 분 한 분이 너무 소중하고 고마웠다. 그래서 시작한 것이 선생님 한 분한 분이 이 땅에 태어난 날을 기억하고 함께 축하를 하는 것이었다. 한 달에 한 번 개인적으로 기도하면서 선생님께 선물하고 싶은 책을 샀고, 그 책에다 롤링 페이퍼를 전체 교사가 적고 축하해 주었다.

놀라운 것은 매달이 잔치같은 자리로 변화되었다. 딱딱하고 불편한 평가의 자리가 서로를 위로하고 격려하고 세워 주는 자리가 되었다. 두 번째 교회에서 어린이 사역을 마치고 타 부서로 갈 때였다.

"전도사님 우리 선생님들이랑 티타임을 가져요."
"우와, 좋습니다."

그런데 차를 마시고 이야기꽃을 피우다가 선생님들이 갑자기 옷가게로 데리고 가시더니 100만 원 짜리 옷을 사 주셨다. 할인을 하여 그보다는 적은 액수였지만 결코 적지 않았다. 나는 그 옷을 입을 때마다 사랑과 섬김이라는 단어를 떠올렸다. 교사를 향한 작은 사랑이 큰 사랑이 되어서 돌아와서 당황했지만 참 감사했던 기억이 있다.

"아아~ 사랑이다. 섬김이다. 이것만 남는다. 그것으로 충분하다."

다섯째, 잘 나누어야 한다.

목회는 코칭과 멘토링이 필요하다. 초짜 사역자 때 나는 몰랐다. 교사를 임명만 하면 저절로 되는 줄 알았다. 그런데 다음 세대 사역은 농사를 짓는 것과 같은 것임을 뒤늦게 깨달았다. 농작물은 농부의 발소리를 듣고 자란다. 마찬가지로 다음 세대 목회는 교사와 사역자의 발소리를 듣고 자란다.

시간이 흐르면서 다음 세대도 교사도 코칭과 적절한 멘토링이 있으면 더 건강하고 아름답게 변화되는 것을 깨달았다. 특히 처음 교사를 한다면 부서 사역자는 반드시 1년 정도 필요한 코칭과 멘토링을 해 줄 필요가 있다. 크고 거창한 것이 아니라 작고 사소한 것을 꾸준히 나누면 성장이 일어난다. 주로 이런 질문을 하였다.

"요즘 힘든 것은 없어요?"
"요즘 교사로서 희로애락을 어떻게 느낍니까?"

대부분 1년 동안은 힘들고 어렵기에 여러 이야기가 나온다. 그러면 답을 주려고 하기보다는 잘 듣는 것이 중요하다. 문제를 말하면 스스로 풀어 갈 수 있도록, 스스로 문제에 대해 답을 찾도록 돕는 것이다.

"그 문제를 어떻게 하면 해결할 수 있을까요?"

"모든 것이 다 있다면 그 문제에 대해 어떻게 반응하고 싶어요?"

고치에서 나오는 나비는 스스로 고치를 뚫고 나와야 날 수 있다. 고치를 뚫고 나오는 과정에서 날개에 힘이 생겨서 날갯 짓을 할 수 있게 된다. 스스로 하도록 두지 않고 나비가 나오도록 구멍을 뚫어 주면 날갯 짓이 약하다. 나눔의 초점은 스스로 문제를 풀어 가도록 돕는 것이다. 보혜사 성령님이 상담가, 위로자, 평안을 주시는 분, 돕는 자가 되신다. 보조적으로 적절한 코칭과 멘토링 나눔을 통해서 교사와 사역자가 계속 성장해 간다면 그 선한 힘이 다음 세대에게도 흘러갈 것이다.

같이의 가치를 추구하며 팀으로 섬기는 것

교사와 다음 세대 사역자의 목회 리더십은 이러한 5가지의 방향성을 가지고 팀 빌딩 리더십을 할 필요가 있다. 혼자가 아니라 함께해야 한다. 홀로가 아니라 같이의 가치를 추구해야 한다.

사역자는 교사와 함께 부서 섬김을 위한 하나님이 주신 꿈을 함께 공유, 공감하는 소통하는 비전 제시의 리더십을 발휘할 필요가 있다. 사역은 그냥 이루어지지 않는다. 헌신은 그냥 이루어지지 않는다. 꿈을 나누고 꿈으로 인해서 가슴 뛰는 섬김이 이루어지면 꿈은 이루어진다.

꿈을 향해 가는 과정에서 말씀과 기도에 집중함으로 영적 리더십이 분산되거나 분열되지 않도록 영적 나침판을 보면서 나가야 한다.

다음 세대 사역은 독립적인 독창이 아닌 합창과 같다. 서로 공동체 안에서 지체 됨을 지켜가면서 부모 세대와 자녀 세대가 만나고 어우러지고 교회와 학교와 가정이 만나고 어우러져야 한다. 독주가 아닌 합주인 것이다. 교회와 다음 세대 사역은 마치 오케스트라처럼 각각이지만 하나인 것이다.

교회의 지체로서 다음 세대 사역자는 투명한 헬퍼 리더십을 지향할 필요가 있다. 담임 목회자와 교육부서 담당자와 소통을 하면서 교회가 하나의 일치된 방향을 향해 가면서도 각각의 부서가 창조적 사역을 할 필요가 있다.

다음 세대를 살리고 키우고 세우는 담임 목회자의 목회 리더십은 무엇이 필요할까?

다음 세대 사역을 하면서 또 담임 목회를 하면서 담임 목회자의 영적 리더십이 공동체의 미래를 좌우한다는 것을 깨닫는다. 담임 목사는 다음 세대라는 바다를 항해하는 배의 선장과 같다. 곳곳에 암초가 있다. 수시로 거센 파도가 치고 비바람도 분다. 담임 목사는 그 모든 상황에서 순간순간마다 선택하고 결정하고 리더십을 발휘해야 한다. 다음 세대를 세워 가기 위한 담임 목사의 리더십을 5가지 제언한다.

1) 울타리 리더십

교회는 다양한 이해가 충돌한다. 담임 목사는 다음 세대를 세워 가기 위해서는 다음 세대 사역을 위한 울타리를 만들어 주고 지켜 가야 한다. 울타리를 잘 만들고 지키지 않으면 다음 세대 농사는 순식간에 망가질 수 있다.

담임 목사가 만들어 주어야 하는 울타리는 자원, 지원, 후원이다. 교회는 인적자원과 물적자원을 흘려보내는 곳으로 길이 난다. 다음 세대를 살리려면 그 어떤 때보다 많은 자원을 집중해서 다음 세대를 위해 사용해야 한다. 말로 끝나서는 안 된다. 교회의 가장 좋은 인적 자원과 물적 자원을 다음 세대에 사용하지 않는다면 다음 세대는 점점 사라져 갈 것이다.

담임 목사는 다음 세대를 지원하는 일에 힘써야 한다. 다음 세대를 살리는 정책을 세우고, 의도적으로 지지하고 지원하는 것을 지속, 반복, 집중해야 한다.

무엇보다 당회와 중직자와 교회 전체가 후원을 해 주어야 한다. 아이들이 영적으로 잘 성장하도록 다음 세대를 위한 키다리 아저 씨가 되어 주어야 한다.

개인적으로 담임 목사로서 사역자를 교육 전도사 중심에서 준전임 사역자 중심으로 변경을 하였다. 그리고 교육부를 섬기는 전임을 세웠다. 순차적으로 계획하고 자원, 지원, 후원을 지속, 반복, 집중한 것이다. 교육부서의 재정도 어떤 상황에도 줄이지 않고 계속 증액시키는 작업을 하였다. 이러한 울타리를 치는 작업은 수시로 이루어져야 한다.

2) 응원단장 리더십

"칭찬은 고래도 춤추게 한다"라는 말이 있다. 교육부서와 다음 세대는 수시로 칭찬을 해 주고 응원을 아끼지 않아야 한다. 교육부서를 위한 영상은 한 번도 사양한 적이 없다. 무조건 설교 전에 언제든 받아 주어서 다음 세대를 위한 격려를 아끼지 않는다. 심지어 예배 전에 부탁이 들어와도 들어주도록 한다. 그것이 교육부서와 다음 세대를 응원하는 방법이다.

다음 세대를 응원할 때 빠지지 않고 다음 세대, 교사, 사역자를 위해 기도한다. 기도가 가는 곳에 영적인 길이 난다. 새벽기도회 때 다음 세대와 교육부서를 위해서 끊임없이 기도한다. 다음 세대가 건강하게 세워지는 일이라면 뭐든지 실험하고 시도하도록 격려하고 응원한다. 아무것도 하지 않으면 아무 일도 일어나지 않는다. 다음 세대를 위한 일이라면 아낌없이 주는 나무처럼 응원을 보내야 한다.

가끔은 다음 세대들이 목양실로 와서 축하를 해 주고 응원을 해 준다. 롤링 페이퍼를 써서 주고, 간식도 사서 선물로 준다. 그 모습을 보면서 담임 목사만 일방적으로 주는 것이 아니라 담임 목사도 격려받고 응원받는 시간을 통해서 힘을 얻기도 한다.

3) 목양의 코치와 감독 리더십

개인적으로 기회가 되면, 다음 세대 사역을 하는 교육부서의 사역자들과 식사를 하고 티타임을 가진다. 또 수시로 사역자 회의 때 고민하고 어려워하는 문제가 나오면 그 문제에 대한 대안을 이야기해 준다. 목양은 하루 아침에 이루어지지 않는다. 육아를 할 때 지혜가 필요하고 경험이 필요하듯 목양도 지혜가 필요하고 경험이 필요하다.

식탁 교제나 커피와 차를 마시면서는 비교적 가벼운 코치를 한다. 심각한 문제에 대해서는 사역자 회의를 하면서 심도 있게 다룬다. 선택은 후배 사역자들의 몫이지만 선배 사역자로서의 지혜와 경험을 나누는 코치와 감독의 지도는 필요하다.

목양을 위한 코치와 감독은 사역 나눔과 삶 나눔을 하면서 최대한 자연스러운 방법을 선택한다. 나눔 중에 특별히 고민하는 문제가 나오고, 개인적인 어려움이 나오면 그것을 코치와 감독의 입장이 되어 도와주고자 그 문제에 대해서 최대한 다양한 각도에서 보게 하고 무엇보다 유기체적 사고, 몸의 사고를 하게 하여서 함께 팀으로 섬기게 한다.

다음 세대 사역을 하면서 유기적 사고는 너무나 중요하다. 독불장군이 아니라 팀워크로서의 섬김이 교회를 살린다. 팀워크를 망치는 경우에는 수정을 요구하고, 팀워크를 세우는 경우에는 계속된 지지를 보낸다. 그리고 각 사역자에 따라서 열린 마음으로 배우고자 할 때는 수시로 코칭과 멘토링을 통해서 길을 안내하는 도우미로 돕는다.

성장에는 훈련이 필요하다. 침묵하면서 방치하는 것이 아니라 현장의 고민을 경청하고 가장 적절한 방법으로 대안을 찾아가도록 돕는 작업이 이루어져야 한다. 담임 목사는 코치면서 감독의 자리에 있음을 알아야 한다. 수정할 것을 위해서 직면을 시키기도 하고 때로는 사랑 안에서 진실을 담은 권면도 할 수 있어야 한다.

다음 세대 사역은 교회 전체의 숲을 보면서 동시에 각 부서라는 나무를 보아야 한다. 숲을 보지 못하고 나무만 고집하면 숲의 생태계를 교란시키고 망친다. 그러나 숲을 보게 되면 그 속에서 연합과 일치를 추구하면서도 창조적 다양성을 담아낼 수 있다.

사역자는 자기 부서만 생각하는 것이 아니라 서로가 서로를 돌아

보아야 한다. 그 일을 위해서 1년에 2번은 아랫 부서와 윗 부서를 서로 섬긴다. 영유아부, 유치부, 유년부, 소년부, 중등부, 고등부 사역자가 서로 등반할 부서에 가서 섬기고, 등반한 부서에 가서 섬김을 통해 서로가 지체임을 확인한다. 또 교회 전체적으로 하나 됨을 지켜 간다.

4) 공급과 충전의 리더십

교사는 탈진하기 쉬운 자리이다. 다른 봉사와는 달리 시간, 물질, 마음을 쏟아야 하기 때문이다. 교사로 섬긴다는 것은 작은 예수로 섬기는 것이다. 말씀과 기도로 스스로 영적으로 먼저 잘 서야 한다. 그리고 각각의 다음 세대에 맞는 방식으로 맞춤식 섬김을 감당해야 한다.

과거와 달리 모든 것이 너무 빠르게 변해 가는 시대이다. 그 빠름을 따라가다 보니 지치고 힘들다. 탈진이 자주 찾아온다. 분반 공부도 해야 하고, 전화 심방과 카톡 심방과 다음 세대가 움직이는 것을 따라 이동하면서 섬기는 노마드(nomad) 정신도 있어야 한다.

결국 때를 따라 적절한 공급과 충전은 필수다. 핸드폰을 충전시키지 않으면 아무리 비싸도 결국 사용하지 못한다. 배터리가 떨어져 가고 경고 신호가 나오면 아무리 바빠도 핸드폰을 충전시켜야 계속 사용이 가능하다.

교사와 사역자도 공급이 필요하고 충전이 필요하다. 그래서 교사와 사역자가 의도적으로 잘 먹고, 잘 노는 시간을 기획해서 재충전의 시간을 가져야 한다. 먹는 것도 영성이다. 노는 것도 영성이다. 예수님도 제자들과 함께 종종 잔치 자리에 가셔서 함께하셨다.

5) 목회 내비게이션 리더십

목회 현장은 단순하지 않다. 복잡하다. 그때 필요한 것은 전체를 보는 눈이다. 우리는 여행을 할 때 무작정 가지 않는다. 가는 곳을 입력한다. 그러면 내비게이션이 전체와 부분을 보여준다. 그리고 수시로 잘 갈 수 있도록 전방위적으로 알려 준다. 길을 잘못 가면 바로 수정해서 다시 알려 준다. 방향을 알려 주고 걸리는 시간을 알려 준다. 교통 상황도 알려 준다. 속도를 늦춰야 하면 경고를 보낸다. 고장이 나면 경고등에 표시를 보낸다. 내비게이션을 보면 모든 정보가 보인다.

목회에도 내비게이션 리더십이 필요하다. 단지 가는 방향만으로는 부족하다. 수시로 전체와 부분을 보아야 한다. 각 부서를 보면서 동시에 교회 전체를 보아야 한다. 그리고 수시로 교회 전체를 조율하고 조정하면서 몸의 사고를 하면서 유기적으로 연결되어야 한다.

처음에는 각 부서만 보인다. 교회 전체를 보지 못한다. 그때 나타나는 현상은 부서 이기주의다. 그러나 교회 전체를 보는 시야가 열리면 교회와 방향을 맞춘다. 속도를 맞춘다. 질서를 따르면서도 덕을 세운다. 이것이 내비게이션 리더십이다. 나만 잘해서는 안 된다. 함께 잘해야 한다. 나만 생각해서는 안 된다. 우리를 생각해야 한다. 이기적이어서는 안 된다. 이타적이어야 한다. 이것이 내비게이션 리더십이다.

기러기처럼
기러기는 목적지를 향해 날아갈 때 항상 팀으로 움직인다. 개별적이거나 단독으로 날아가지 않고 항상 팀으로 함께 움직인다. 기러기는 리더가 항상 앞장을 선다. 리더는 같이 가는 팀원들의 형편을 살핀다. 낙오기 되는 기러기가 있으면 잠시 쉬어 가고 함께 힘을 북돋아 준다. 그리고 앞장서는 리더가 지치면 다시 회복하기까지 또 다른 기러기가 리더의 자리에서 팀을 이끈다. 철저하게 팀으로 움직이는 것이다.

다음 세대를 섬기면서 자주 고민했던 것은 '더불어, 함께, 같이'라는 단어였다. 다음 세대와 더불어 서 있는가? 다음 세대와 함께 가고 있는가? 다음 세대와 같이 미래를 꿈꾸는가? 그 질문이 교회를 젊고 건강하게 만들었다. 그 질문에 대한 실천이 목회 리더십을 건강하게 만들었다.

다음 세대를 살리고, 키우고, 세우는 교회는 기러기처럼 다음 세대와 함께 움직인다. 부모 세대와 자녀 세대가 함께 움직인다. 교회와 가정과 학교가 함께 움직인다. 다음 세대를 살리는 목회 리더십은 같이라는 가치를 붙잡고 간다. 혼자는 편하지만 당대로 막을 내린다. 같이한다는 것은 힘들지만 다음 세대에게 계속해서 배턴이 이어진다. 짧게 가려면 혼자 가도 되지만 멀리 가려면 같이 가야 한다. 기러기처럼.

CHAPTER 8

예배로 심고, 관계로 맺어라!

- 다음 세대의 진짜 교회 이야기 -

핵심키워드
:
콜드 타임 때 부흥하는 교회 모델

콜드 타임 때 부흥하는 교회 모델

다음 세대의 성장 가능한가? 가능하다!

"교회가 10군데 생기면 11군데 교회가 문을 닫는다"는 말이 있다. 그만큼 교회가 생존하기 힘든 현실을 담고 있는 말이기도 하다. 다음 세대 목회는 어떨까? 주일학교 부서가 사라지고 있다는 말은 식상한 말이 됐을 정도로 현장은 쉽지 않다. 오죽하면 교계의 한 관계자는 2030년에는 교회학교의 90%가 사라질 것이라는 전망도 내놓을 정도이다.[01]

하지만 전반적으로 쉽지 않은 상황에서도 다음 세대 사역에 있어 지속적으로 도전하고 열매 맺는 교회들도 많다. 이런 교회와 사역자에게서 얻을 수 있는 인사이트가 가득하다. 다음 세대 목회를 고민하는 사람들에게는 또 하나의 디딤돌과 같은 지혜를 얻을 수

---

01 김남현,「해마다 주일학교 없는 교회가 늘고 있다」, 기독교 신문, 2024.04.29. http://www.gdknews.kr/news/view.php?no=16276

있다. 마치 코맥 매카시(Comac McCarthy)의 작품 『로드』(The Road)에 나오는 주인공이 막막한 길을 걷는 동안 여러 사람들과의 대화를 통해 돌파구를 하나하나 찾아가는 것처럼 말이다.

길을 걷기 위해 길을 묻다

다음 세대 목회가 나아가야 할 로드, 즉 길에 있어서 주목하고 귀를 기울여야 할 두 교회와 목회자를 소개하고자 한다. 먼저는 수원에 위치한 '소망을 노래하는 교회'의 정우준 담임 목사이고, 다음은 의왕에 자리한 〈경기중앙교회〉의 이승훈 교육디렉터 목사이다. 두 교회의 공통점은 지역 교회로서 꾸준하게 성장하고 있다는 점이다. 특별히 다음 세대 사역에 있어서 지속적이고 체계적으로 신앙을 전수하고 있다는 점이다. 차이점이 있다면 전자는 4년 된 개척교회이고 후자는 45년된 소위 전통교회라는 것이다. 그런 점에서 이 지면을 위해 두 교회와 목회자를 선정했다. 담임 목회자와 부서 사역자, 개척교회와 전통교회의 환경 모두에서 생각해 보고 적용해 볼 수 있는 내용을 담고 싶었기 때문이다.

다음 세대 사역을 위한 체계적인 내용을 담기 위해 질문의 카테고리를 설정했다.

다음 세대 목회 철학 · 사역 현장 · 복음 전도 · 가정 동역 · 사역자 동역 · 사역 비전

이 주제를 선정한 이유는 이론과 실제, 기획과 실천, 현실과 비전 등등이 균형적으로 구성될 수 있도록 하기 위함이었다.

1. 소망을 노래하는 교회 정우준 담임 목사

앞서 언급한 것처럼, 수원시 망포동에 위치한 '소망을 노래하는 교회'는 4년된 개척교회이다. 교회가 시작된 이래로 지금까지 지속적으로 등록 교인 수가 증가하고 있다. 특히 다음 세대 사역에 관한 남다른 철학과 실행력으로 주변의 교회와 목회자들에게 모델이 되는 교회이기도 하다. 앞으로의 글의 전개는 인터뷰 형식으로 진행될 것이다.

담임 목사로서 다음 세대 사역에 관한 관점
필자 : 담임 목사로서 다음 세대 사역에 있어서 가장 우선적이고 중요하게 생각한 '핵심가치'가 있다면 무엇인가요?

정우준 목사 : '다음 세대를 키우는 교회가 아니라 다음 세대가 키우는 교회'가 되는 것입니다. 교회의 입장에서는 아이 한 명이 오는 것이지만, 그 아이나 가족 입장에서는 한 낯선 세계로 들어오는 셈입니다. 그 아이가 교회의 문턱을 밟고 들어섰을 때 자신으로 인한 크고 작은 변화를 느낀다면 그저 낯선 세계가 아니라 머물고 싶은 세계가 됩니다. '아이들이 많아져야 구성되는 조직'이

아니라 한 아이로 인해 교회가 변화는 구조를 가지고 있어야 합니다. 아이 한 명이 와도 예배 전체가 바뀌고, 교회의 분위기가 바뀌고, 기도 제목이 바뀌는 분위기를 만들어 내야 합니다. 그를 위해 정(靜)적인 구조가 아닌 동(動)적인 구조를 지향해야 합니다.

필자 : 개척교회라는 특수한 환경 속에서 다음 세대가 교회를 방문하고 머물도록 하는 목사님만의 방법이 궁금합니다.

정우준 목사 : 환대에 있어서 '기억에 남는 주인공'이 되게 하는 것입니다. 이를 위해 먼저 아이의 '정서'와 연결되려고 노력합니다. 아이의 이름을 기억하고 심방을 통해서 학교생활, 가정에서의 관계 등에 대해 제가 먼저 솔직한 나눔을 시작합니다. 경험상 이 순서를 따를 때 아이는 이에 반응하여 자신의 이야기를 하기 시작합니다.

아이는 교회를 기억하는 게 아니라 교회에서 만난 사람과, 이야기를 기억합니다. 이야기가 남을 수 있도록, 다음 주일에 만나면 우리 OOO 같이하자는 이야기를 꼭 합니다. 예를 들면, "집 앞 놀이터에서 1:1 풋살 20분 할래?", "아파트 상가 떡볶이집에서 라볶이 같이 먹을래?" "OO 건물 2층에 있는 오락실에서 5,000원치 게임하지." 이렇게 안심되는 장소와 구체적인 활동을 제시하면서 깊은 신뢰를 전하게 됩니다.

필자 : 교회를 전체적으로 목회하는 입장에서 다음 세대 사역을 어느 정도의 위치로 두고 사역하십니까? 그 이유가 무엇인지요?

정우준 목사 : 저는 다음 세대 사역을 교회의 미래 계획이 아니라 현재의 심장으로 둡니다. 교회 개척 첫 해, 예배 후 성도들과 나눈 이야기 중 누군가 조심스레 이렇게 말했습니다.

성도 A: 목사님, 아직 아이들도 없는데 주일학교 공간이 꼭 필요할까요?

정우준 목사 : 지금 당장 아이들의 공간을 만들 수 없고, 부서도 예배도 없지만 기도하며 준비해야 합니다. 기대하지 않고 기도하지 않으며, 기다리지 않는데 하나님이 어떻게 다음 세대를 맡길 수 있을까요?

교회를 시작하고 주일학교 부서가 없을 때도 각 부서의 예배 공간, 담당 사역자를 위해 기도하며 준비했습니다. 교회의 예배 시간과 공간과 예산을 정하는 단계에서 가장 우선적으로 다음 세대 사역을 고려했습니다. 남는 공간과 시간, 예산으로 다음 세대 사역을 구성하기보다 최우선적으로 고려했습니다. 왜냐하면 다음 세대 사역은 교회의 한 지체가 아니라 심장이기 때문입니다.

극복되어야 할 사역 현장

필자 : 오늘날 교회에서의 다음 세대 사역에 있어서 가장 큰 문제와 한계는 무엇이라고 생각하시나요?

정우준 목사 : 첫째, 신앙이 삶의 우선순위에서 밀리고 있는 것입니다. 교회가 자리한 지역(수원 영통)의 특수성이기도 하지만 초·중·고 자녀를 둔 부모들이 신앙보다 입시와 생활 루틴을 더 중시하게 되는 구조 속에 놓여 있는 것 같습니다. 이런 흐름 속에서 다음 세대의 신앙은 삶의 중심이 아닌, '가능하면' 참여하는 활동으로 밀립니다. 결과적으로, 예배의 리듬이 깨지고, 신앙의 연결고리가 느슨해지고, 교회에 대한 애착도 사라지는 것 같습니다.

둘째, 프로그램은 있는데 관계가 없는 것입니다. 다음 세대 사역은 '훈련'과 '메시지 전달' 중심의 틀 안에 머물러 있고, 삶과 신앙이 연결되는 대화, 공감, 멘토링, 동행이 부족한 구조적 문제를 안고 있는 것 같습니다. 다음 세대에 관련된 프로그램은 많이 있지만 과정 중에 서로의 삶을 알아가거나 이해하고 수용하려는 시도는 갈수록 줄어드는 것 같습니다. 프로그램이 끝나도 '나의 삶을 아는 어른, 고민을 기억해 주는 교사'가 없습니다. 결과적으로 아이들은 교회에서의 시간이 또 하나의 지치는 시간이 됩니다.

셋째, 부서의 일로 그친다는 것입니다. 많은 성도들은 다음 세대 사역을 '교육부 전도사님' 혹은 '교사들'의 일로 인식합니다. 하지만 실제로 아이들은 교회 전체의 분위기 속에서 신앙을 배우고, 공동체 전체의 표정에서 교회를 기억합니다. "교회 어른들이 나를 반겨 주었는가?" "내 이름을 불러 주는 사람이 있었는가?" "내가 떠났을 때 누군가 아쉬워했는가?" 이 물음에 "예"라고 대답할 수 없다면, 그 공동체는 아이에게 '잠깐 머물다 갈 곳'일 뿐, '신앙을 뿌리내릴 집'은 아닙니다.

다음 세대 사역의 가장 큰 한계는, 신앙이 그들의 삶과 연결되지 않고, 교회가 그들의 기억과 정서 속에 공동체로 남지 못하는 것입니다. 말씀은 배웠는데 하나님은 만난 적 없고, 예배는 드렸는데 교회는 기억에 없고, 행사는 있었는데 관계는 없었다면 그 신앙은 결국 자라지 못합니다.

필자 : 교회가 아이들에게 어떤 공간이어야 한다고 생각하시나요? 그것을 위해 어떤 노력과 결실이 있으셨는지요?

정우준 목사 : 이것을 3가지로 정리할 수 있습니다. 첫째, 꾸중보다 '이해'가 먼저 있는 공간이어야 합니다. 아이가 예배 중 돌아다녀도 성도들 중에 누구도 눈치를 주지 않고, "괜찮아. 여기선 그래도 돼"라고 말해 줄 수 있는 공간이어야 합니다. 어른들이 목장 모임을 하고 있는 중에도 미취학부, 취학부 아이들은 그 사이 사이

에서 만들기, 보드 게임, 그리고 술래잡기 등을 합니다. 불편함을 다 같이 참아 주는 것 그것이 다음 세대를 살리는 영성입니다.

둘째, 신발보다 '마음'을 벗을 수 있는 공간이어야 합니다. 아이들이 스스로 자기 얘기를 하고 싶어지고, 눈치 보지 않고 울 수도 있고 웃을 수도 있는 정서적으로 안전한 '신앙의 집'이 되는 공간이어야 합니다. 예배가 마치면 아이들이 담임 목사님에게 찾아와서 이런저런 이야기를 합니다. 학교 이야기, 가정 이야기, 교회 이야기를 재료로 주로 누군가를 일러바치는(?) 내용이 많습니다. 이것이 가능한 이유는 주중에 아이들을 만날 때 어른이며 담임 목사이긴 하지만 제 마음을 아이처럼 많이 털어놓기 때문에 그렇습니다.

셋째, 가르침보다 '함께함'이 우선되는 공간이어야 합니다. "들으세요, 외우세요"보다는, "같이 해 보자, 같이 웃자, 같이 놀자"와 같이 하나님 나라를 몸으로 익히는 예배 공동체여야 하기 때문입니다. 주일 중심의 공간으로서의 한계를 벗어나기 위해 주중에도 아이들과 꼭 교회에서 만남을 갖습니다. 원하는 친구들이 있으면 주중에 교회에서 친구 초청 생일파티를 합니다.

다음 세대에게 어떻게 복음을 전할 것인가?

필자 : 부모님이 교회를 다니는 아이들만이 아니라 그렇지 않은 아이들에게 교회를 소개하고 복음을 전하는 발판이 있다면 무엇

인지요? 어떻게 운영하고 있는지요?

정우준 목사 : 젊은층 엄마들을 많이 공략했습니다. 아이 양육에 있어서 어려움을 겪는 분들이 많아 보였기 때문입니다. 우리 교회에서 유아교육을 전공하고 어린이집 운영 및 대학교수로 재직하고 있는 성도님을 통해서 'MOM TALK'라는 세미나를 진행했습니다. 부모와 아이의 마음을 헤아리는 시간을 통해 젊은 엄마들의 관심과 필요를 채우는 시간이었고 평소 교회에 잘 나오지 못하던 분도 이 시간을 알고 함께 참여했습니다.

환경 이슈도 전도에 대한 발판이 될 수 있습니다. 우리는 6월을 맞이하면 매주 환경을 위한 활동을 시행했습니다. 예를 들어, 우유팩 지갑 만들기, 페트병 상추 화분 만들기, 천연 모기기피제 만들기, EM클렌징폼 만들기, 에코 부채 만들기 등의 활동을 했습니다. 그리고 이것을 교회 블로그에 업로드했습니다. 이런 활동들의 공유가 믿지 않는 부모와 아이들을 향한 접점이 되었습니다.

연중 방학의 공백을 활용했습니다. 요즘 각 시도별로 이 돌봄공백을 메꾸고자 하는 노력들이 많습니다. 시(市) 사업에 참여하려면 행정적 절차도 복잡하고 기금 사업을 하는 경우에는 절차도 결코 쉽지 않습니다. 그러나 교회 공간을 행정적으로 잘 준비하여 이런 사업에 참여하면 가까운 학교, 학부모, 그리고 시 사업 담당자와 신뢰 관계를 쌓아갈 수 있습니다. 지역을 섬기고 영혼들을 만나는 자체에 중점을 둡니다. 이때 전도의 열매가 맺히는 경우가 많습니다. 각 교회의 상황에 맞는 지역연계 프로그램을 고민하는 것도 좋은 전도의 방법입니다.

이외에도 우리 교회는 시와 도에서 운영하는 다양한 무료 또는 공공 체험 활동에 꾸준히 신청합니다. 자연 체험, 생태 프로그램, 마을 탐방, 박물관 견학, 과학 키트 만들기 체험 등의 활동은 단순한 '나들이'가 아닙니다. "우리 아이가 교회 친구들과 함께 이런 활동을 하더라고요"라는 사람들의 자연스러운 인식 전환이 일어나게 됩니다. 이런 체험 활동 후엔 간단한 간식 타임, 사진 공유 등을 통해 다른 아이들과 부모들과의 전도를 위한 접촉점을 만들었습니다.

필자 : 아이들로 하여금 복음을 전하는 현장(단기선교 또는 전도현장)에 이끌고 가신 경험이 있으신지요? 아이들에게 어떤 변화와 유익이 있었는지요?

정우준 목사 : 아이들을 복음 전하는 현장으로 데려가면, 아이들은 복음 안에 있는 자신을 만나게 됩니다. 작년 네팔 단기선교 신청 모집했을 때 처음에 초등학생 두 명, 중학생 한 명, 청년 한 명이 신청했습니다. 다음 세대와 함께 네팔 현지의 밥퍼 사역과 공동체 생활을 경험했습니다. 단순한 봉사 체험이 아닌, 그 땅의 현

실과 삶, 복음이 절실한 사람들의 눈빛을 직접 마주한 시간이었습니다.

우리 교회는 어린이와 청소년도 복음 전도의 주체가 될 수 있다는 믿음으로, 앞으로도 복음의 현장 속으로 아이들을 데려갈 것입니다. 그곳에서 아이들은 '나눔이 무엇인지', '예배가 왜 필요한지', 그리고 '복음이 진짜 내 것이 될 수 있음'을 배우게 되기 때문입니다.

다음 세대 사역에 부모님과 함께하기

필자 : 부모님들로 하여금 아이들의 신앙 교육과 성숙을 위해 어떤 노력을 하도록 지도하고 계신지요?

정우준 목사 : 오늘날 아이들의 신앙 성장은 결국 부모와 가정의 신앙 흐름 속에서 결정되기에, 교회는 부모들을 단순히 "예배드리는 어른"이 아니라 "아이의 신앙 동역자"로 세우는 존재가 되도록 노력했습니다.

엄마 아빠가 교회를 다녀도 부모의 언어는 복음의 언어가 아닌 경우가 많습니다. 집 안에서도 복음의 언어를 듣는 경험이 중요하기에 부모에게 사랑으로 늘 권면합니다. 부모 교육이라기보다는 부모 회복에 중점을 두고 있습니다. 수요일에 부모들과 『복음중심 부모』(생명의말씀사)라는 책을 통해 자녀 교육이 아닌 부모의 신앙 회복을 위한 양육과 나눔의 시간을 함께 갖고 있습니다. 받은 만큼 줄 수 있고, 누린 만큼 누리게 할 수 있기 때문입니다.

필자 : 교회와 부모들이 연합해서 다음 세대 아이들을 함께 길러내는 사례가 있으신지요?

정우준 목사 : 저희 교회에서 미취학부와 취학부는 예배 후 특별 활동이 있습니다.

이 활동에 대한 비용은 교회가 지불합니다. 미취학부는 매 주 외부 강사를 초청해서 오감놀이, 체육활동을 진행합니다. 부모와 교사도 함께 동역합니다. 예산이 많아서 가능한 것이 아니라 다음 세대를 위해 우선 지출하기에 가능한 것입니다.

취학부는 아이들의 단합과 일체를 위해 외부강사를 통해 영어찬양 배우기를 합니다.

그리고 분기에 한 번 교회 중요 행사나 절기에 맞춰 아이들이 예배 가운데 특송을 합니다. 과거 〈남자의 자격〉처럼 아이와 부모, 교사기 공동의 목표를 두고 함께 시간을 보냄으로써 하나 되어지는 경험을 선물하고자 애쓰고 있습니다.

필자 : 성도들이 다음 세대 사역에 마음을 쏟고 동참하도록 하는 프로그램이나 행사가 있었다면 무엇인지요?

정우준 목사 : 우리 교회에서는 모든 세대가 다음 세대를 위한 '공동 책임자'가 되도록 돕는 구조와 문화를 만들기 위해 노력하고 있습니다. 중요한 행사와 절기, 여름-겨울 캠프의 중심에는 항상 어린이 청소년이 있습니다. 2부 활동이 아닌 가장 중심이 된 예배와 시간 속에 아이들이 서게 됩니다. 세례 받은 아이들, 신앙 결단한 아이들을 공식적으로 예배 속에서 축하하고 격려합니다. 소수의 헌신된 사람들의 섬김도 소중하지만 온 교회가 함께 아이들의 믿음 성장 과정을 바라보며 기도하고 격려하는 것 또한 중요하다고 여기기 때문입니다.

우리 교회는 1:1 세대 연결 프로젝트에 열중하고 있습니다. 이것은 다음과 같습니다. 교회 안에 있는 아이들과 장년 성도들을 1:1로 연결해서 '기도 짝지'로 세웁니다. 성도는 그 아이를 위해 1년 동안 기도하고, 생일카드와 작은 선물을 준비합니다. 아이도 어른을 위해 생일카드와 작은 선물을 준비합니다. 아이 이름이 적힌 카드를 붙이고 매주 기도합니다. 아이도 어른 이름이 적힌 카드를 붙이고 매주 기도합니다. 이를 통해 아이들에게는 "나를 위해 기도하는 어른이 있다"라는 안정감이, 어른들에게는 "다음 세대에 대한 실질적 책임"이 생깁니다.

다음 세대 사역자들과 어떻게 동역할 것인가?

필자 : 목사님이 교육 전도사 시절에 교육을 바라봤던 관점과 지금 담임을 하시면서 바라보는 교육의 관점은 어떤 점에서 변화가 있었는지요?

정우준 목사 : 교육 전도사 때에는 무엇을 가르칠 것인지, 행사를 어떻게 잘 기획하고 진행할 것인지, 몇 명이나 참여했는지에 관심이 많았다면 지금은 누가 이 아이와 평생 관계를 맺어갈 수 있을까, 교회 전체가 어떻게 아이의 삶에 스며들게 할 수 있을까? 한 아이가 하나님을 진짜 경험하고 있는가에 대한 질문으로 바뀌었습니다. 교육 전도사 때에는 주일예배 시간 안에, 예배실에서 이루어지는 활동이 중심이었다면 지금은 가정과 교회, 삶의 연결을 고민합니다. 교육은 잘 가르치는 기술이 아니라 길게 사랑하는 구조임을 깨닫고 있습니다.

필자 : 담임 목회자로서 다음 세대 사역자에게 어떤 지원과 훈련을 해야 한다고 생각하나요? 목사님이 하셨던 내용을 구체적으로 부탁드립니다.

정우준 목사 : 담임 목사로서 다음 세대 사역자에게 어떤 지원과 훈련을 할지는, 단지 사역의 효율을 위한 일이 아니라 "한 교회의 다음 10년, 20년을 준비하는 일"이라고 생각합니다. 저는 다음 세

대 사역자에서 행정과 사역의 단순 위임이 아니라 함께 길을 걷는 동역자 훈련을 해야 한다고 생각합니다. 이를 위해 다음 세대 사역자들이 아이들을 위한 이벤트 담당자가 아니라 작은 영혼들을 돌보는 목회자로 자신의 정체성을 세우는 것이 가장 중요하다고 생각합니다.

행사 기획, 결과 보고, 피드백 등의 회의가 아닌 아이들의 상태를 놓고 목회적 시선으로 나누는 리더 미팅이 필요하고 실제 그렇게 진행하고 있습니다. 아이들의 출석률에 대한 집중보다 아이들과의 믿음 동행 일기를 함께 나눕니다. 아이들의 가정, 교회, 학교 등에서의 삶에 대해 함께 나누고 모든 교역자들이 함께 이를 공유하고 기도합니다.

권한과 리더십은 다음 세대 사역자에게 위임하고 책임과 지원은 담임 목사와 교회가 지는 구조를 만들고 있습니다. 실패해도 괜찮다는 분위기를 유지해 사역자가 시도하고 배우도록 장려합니다. 미취학부, 취학부, 청소년부, 청년부 등 각 세대 사역자는 각 부서를 담당하는 책임자이지만 서로의 사역에 모두가 함께 공동 기획하고, 리더십을 이양하고 있습니다.

필자 : 담임 목회자로서 교사에게 가장 중요하다고 말할 수 있는 한 가지가 있다면 무엇인지요? 그 이유도 부탁드립니다.

정우준 목사 : "그 아이의 '이름'을 품고 기도하는 사람"이 되는 것이 가장 중요합니다. 왜 이것이 가장 중요할까요? 이름을 품는다는 건 '대상'이 아니라 '존재'로 만나는 것입니다. "아이들이 몇 명 왔나"보다 "오늘 ○○는 왜 웃지 않았을까?"라고 고민하는 교사가 복음의 눈으로 아이를 보고 있는 것입니다. 기도는 가장 진실한 동행의 시작입니다.

교사의 실력, 콘텐츠, 열정은 언젠가 고갈되지만, 기도는 교사 자신을 먼저 복음으로 다시 세웁니다. 기도하지 않으면 아이의 행동만 보게 되고, 기도하면 아이의 마음과 사연을 보게 됩니다. '이름을 부르며 기도하는 교사'는 결국 신뢰받습니다. 아이는 본능적으로 압니다. "나를 위해 진짜 기도해 준 사람"의 말을 듣게 됩니다. 어떤 교사는 말주변이 없어도, 아이가 가장 편하게 다가가는 사람입니다. 이유는 단 하나, 그가 '품고 기도하는 교사'이기 때문입니다.

다음 세대 사역에 이런 꿈을 가질 수 있다면

필자 : 향후 5년 안에, 10년 안에 다음 세대에 있어서 이루고 싶은 것이 무엇인지요?

정우준 목사 : 먼저 5년 안에 이루고 싶은 일은, "아이 한 명 한 명이 '교회의 이름'이 아닌 '자기 이름'으로 하나님을 고백하는 신앙인으로 서는 것"입니다.

이를 위해서 모든 아이가 세례-신앙고백의 과정을 '자기 언어'로 고백하도록 하고, 세례-유아세례 이후를 위한 신앙고백 코스를 구성하려고 합니다. 교사 및 부모가 동행하는 작은 신앙 인터뷰 기반 양육 시스템을 운영하고 초등부, 청소년부 각각 최소 12명 이상 '예배자로 정착'한 공동체를 구성하는 것입니다.

단순한 인원 목표가 아니라 '함께 기도하고 말씀 나누는 신앙 가족'이 되는 공동체, 숫자가 아니라 관계망 중심으로 공동체를 만들어 가는 데 목적이 있습니다. "교회가 좋아서"가 아니라 "예수님이 진짜라서" 교회에 오는 아이들을 세우고 싶고, 연 1회 '복음결단 캠프' 또는 '복음학교'를 운영해서 자기 고백을 할 수 있도록 하고 싶습니다.

다음 10년 안에 이루고 싶은 것은 "아이들이 다음 세대의 '지속가능한 교회'를 이끄는 첫 세대로 세워지는 것"입니다.

이를 위해 다음 세대 출신 리더들이 공동체 안에 '성인 예배 리더'로 서게 할 것입니다. 현재 초등, 청소년 출신 아이들이 향후 찬양팀, 미디어, 예배안내 등 교회 운영 주체로 성장할 것입니다. 아이가 교회 손님이 아니라 교회 구성원이 되어 사역의 선순환이 일어나도록 하고 싶습니다.

'한 아이-한 어른'의 세대 동행 문화가 교회의 정체성이 되는 것을 꿈꿉니다. 아이 한 명이 교회 안에서 최소 한 명 이상의 어른과 신앙적 연결이 지속되도록 하는 것입니다. 이를 통해 신앙 계승이 '자연스러운 흐름'이 되는 교회의 문화를 구축하고 교회 바깥의 아이들(비신자 가정)과도 연결되는 선교적 다음 세대 플랫폼이 될 수 있다고 생각하기 때문입니다.

마을 축제, 체험 활동, 공공기관 연계 사역으로 지역 아이들과 부모에게 '교회는 닫힌 공간이 아니라 열린 품'이라는 인식을 심어 주고, 복음적 초대장을 가정에 전하는 교회로 자리 잡고 싶습니다.

필자 : 다음 세대 사역이 너무 어렵거나 힘들어서 시작하기조차 어려워하는 사역자들에게 한 말씀을 하신다면요?

정우준 목사 : '시작'만 해도, 하나님은 반드시 '누군가를 보내십니다.' 하나님은 다음 세대를 포기하지 않으시는 분입니다. 한 명의 아이를 품고 기도하며 예배를 준비할 때, 그 빈자리에 하나님이 보내시는 아이와 부모가 나타납니다. "한 명을 위해서라도 공간을 준비하면, 하나님은 채우십니다." 이것은 개척 교회 담임 목사로서 매주 경험하는 고백입니다.

2. 경기중앙교회 이승훈 교육디렉터 목사

의왕시 오전동에 위치한 '경기중앙교회'는 45년된 전통 교회이다. 지역 교회로서 기독교 교육에 대한 필요성을 절감하며, 신앙 전수를 애쓰는 교회이다. 특히 최근에는 154페이지 분량의 『경기중앙교회 교육백서』를 발간했다. 그러면서 교육 목회의 로드맵을 제시하고, '기독교'와 '메타인지(meta認知, 자신의 인지 과정에 대하여 한 차원 높은 관점에서 관할, 발견, 통제하는 정신 작용)' 개념을 결합하여 심화된 신앙 교육 체계를 제안했다. 교단 신학교 내 기독교교육연구원에서도 이 교회의 교육 모델과 진정성에 관심을 가지고 연구하고 소개하고 있다. 특히 다음 세대 사역자들의 관심도가 높아져 가는 교회이다. 글의 전개 방식과 내용은 앞서 소개한 교회와 결은 같다. 그러나 이번 대담 대상자의 역할이 교육디렉터임을 감안하여 조금 더 구체적이고 실천적인 내용으로 구성할 것이다.

교회 교육에 있어서 꼭 필요한 것

필자 : 목사님의 교회에서 다음 세대 교육에 있어서 가장 중요한 가치로 여기는 것은 무엇입니까?

이승훈 목사 : 저는 다음 세대 교육에서 가장 중요한 가치는 '기독교 메타인지 신앙교육'이라고 확신합니다. 왜냐하면 오늘날 많은 아이들이 하나님을 '안다고 착각'하며, 믿고 있다고 생각하지만,

사실은 복음의 본질이나 하나님과의 인격적 관계를 경험해 본 적이 없는 경우가 많기 때문입니다.

예를 들어, "하나님은 창조주시다"라는 말에 익숙한 아이들에게 "그게 무슨 뜻이야?"라고 물어보면 대답하지 못합니다. 왜냐하면 그들은 그 단어를 '들었기 때문에 안다'고 생각하지만, 실제로 설명할 수 없고, 믿음으로 연결되지 않았기 때문입니다. 이것이 바로 신앙 안에서 메타인지의 오류입니다.

기독교 메타인지란, "내가 하나님을 정말 알고 있는가?", "복음을 내가 진짜 믿고 있는가?", "내가 모른다는 사실을 알고 있는가?" 이와 같은 질문을 스스로에게 던지도록 하는 교육입니다. 이 메타인지적 질문은 아이들이 머리로만 아는 신앙에서 벗어나, 하나님과의 인격적 관계 속에서 믿고 반응하는 삶의 신앙으로 이끄는 핵심 도구가 됩니다.

필자 : 다음 세대를 바라보는 교회의 관점과 접근 방식이 이전 세대와 달라야 한다면, 그 차이를 무엇이라 생각하시나요?

이승훈 목사 : 이전에는 주입식 교육이 중심이었다면 지금은 기독교교육이 말하는 '기르는 교육', '만남의 교육'이 필요합니다. 신앙은 정보로 생산되는 것이 아니라 만남과 해석, 반응과 적용을

통해 길러지는 것이기 때문입니다.

결국 교회는 신앙을 설계하는 곳이 아니라, 신앙이 살아 자라는 생태계를 마련해야 합니다. 이 생태계 안에는 복음적 메시지뿐 아니라, 아이들이 정서적으로 안전하다고 느끼는 관계와 공간, 그리고 교사와 부모가 함께 참여하는 신앙 문화가 포함되어야 합니다.

이제는 예전처럼 아이가 먼저 교회에 와서 부모를 전도하는 시대가 아니라, 부모가 교회를 선택하고, 자녀의 신앙교육을 위해 교회를 평가하는 시대입니다. 따라서 교회는 "우리 교회는 아이의 신앙을 어떻게 길러내는가?", "우리 교회는 다음 세대에게 복음의 본질을 어떻게 전하고 있는가?"를 분명히 설명할 수 있어야 합니다.

다음 세대 사역, 현장을 딛고 서기

필자 : 지금의 교회에서 다음 세대 사역을 하시면서 가장 힘들었던 부분은 무엇이고, 구체적으로 어떻게 극복했거나 돌파하고 계신가요? 구체적인 사례를 부탁드립니다.

이승훈 목사 : 각 연령별 교육부서를 하나의 흐름으로 엮어 내는 일이 가장 어려웠습니다. 한마디로 관성과의 싸움이었습니다.

교회 내에는 이미 각 부서별로 오랜 시간 쌓여온 문화, 사역자의 철학, 나름의 방식들이 존재합니다. 그리고 그것은 종종 '익숙함'이라는 이름의 관성으로 남아, 새로운 방향이나 체계로의 전환에 저항을 만들어 냅니다.

특히, 저는 영유아부터 청소년, 청년, 장년에 이르기까지 신앙이 발달단계에 따라 유기적으로 연결되는 교육목회를 지향하고 있었고, 이를 위해 각 부서가 하나의 그림 안에서 움직이기를 원했습니다. 하지만 그 과정은 단순히 구조를 바꾸는 문제가 아니라, 생각과 철학, 언어와 기대, 사역에 대한 이해 전체를 새롭게 재정비하는 일이었습니다. 어느 한 부서에서 "지금까지 잘 해왔던 방식인데 왜 바꿔야 하느냐"는 질문이 나올 때, 그것은 단지 시스템의 문제가 아니라 정체성과 방향에 대한 근본적인 충돌로 다가왔습니다.

이런 현실을 넘어서기 위해 저는 단기적인 변화보다 지속적인 소통과 교육, 설득의 누적을 선택했습니다. 교사교육과 워크샵에서는 단순한 기술이나 운영 중심이 아니라, "우리가 왜 다음 세대 사역을 하는가"에 대한 신학적 철학과 교육목회 로드맵을 지속적으로 나누었습니다. 기독교 메타인지 신앙 교육, 발달 단계에 따른 신앙형성, 그리고 교사의 소명과 사명에 대한 깊은 성찰을 통해 교사들이 단순한 프로그램 보조자가 아닌 신앙 동반자이자 영적 안내자로서 자신의 자리를 자각할 수 있도록 도왔습니다.

지금은 하나의 체계와 철학 속에서 사역이 점점 연결되고 있습니다. 가정, 교회, 부서가 함께 그리는 다음 세대 신앙의 그림이 조금씩 서로에게 스며들고 있고, '하나의 흐름으로 간다'는 공감과 기대의 목소리가 커지고 있기 때문입니다.

필자 : 현 시대의 다음 세대가 교회에 정착하고 마음을 열게 하는 데 가장 효과적이라고 느낀 구체적 방법이나 사역이 있다면 소개 부탁드립니다.

이승훈 목사 : 지금 다음 세대 사역의 첫 관문은 '신학'이 아니라 '매력'입니다. "와 보고 싶다"는 마음을 심는 것, 그것이 정착과 변화의 시작입니다.

감각적인 세대인 아이들은 오감을 통해 '느끼고', '끌리고', '움직입니다'. 그래서 저는 먼저 교회에서 매력적인 공간, 즐거운 분위기, 세련된 콘텐츠를 만들어 주려고 했습니다. 예를 들어, 친구를 초대하고 싶은 분위기 있는 예배 공간을 조성하고, 공간에 들어오자마자 감각을 자극하는 브랜딩, 포스터, 색감, 간식, 냄새를 풍겼습니다.

교사들과의 동역을 통해 말 걸고 싶은 교사, 반갑게 맞아 주는 웃는 표정을 놓치지 않도록 코칭하고 아이들의 고민에 귀 기울여 주고 자기 얘기를 꺼낼 수 있는 소그룹을 만들도록 했습니다.

이렇게 '만남의 매력'이 관계로, 예배로 확장되도록 했습니다. 교회에 한번 발을 들인 다음 세대가 '여긴 뭔가 다르다', '나를 환영해 주는 것 같다'고 느낄 때, 그들의 마음은 처음으로 열린다는 것을 보았기 때문입니다. 예배로 심고 관계로 열매 맺어야 합니다. '내 이름을 기억해 주는 사람', '진심으로 안부를 묻는 사람', '나의 감정을 들어 주는 사람', 이 한 사람과의 만남이 신앙 공동체의 출발점이 되는 것을 보았습니다. 그 관계 속에서 다시 선순환 작용이 일어나서 하나님의 말씀, 예배의 감동, 기도의 눈물이 들어갈 수 있었습니다.

다음 세대는 끌려야 머물고, 머물러야 변합니다. 지금의 아이들은 "예배가 좋아서 교회를 간다"고 말하지 않습니다. '나를 있는 그대로 환영해 주고, 진심으로 반응해 주는 사람이 있어서' 교회에 가고 또 남습니다. 그 만남을 통해 하나님의 사랑을 경험하고, 신앙을 받아들이게 됩니다. 그래서 저는 다음 세대 사역의 시작은 매력에서, 완성은 복음과 예배에서, 중심은 관계에서 이뤄진다고 믿습니다.

다음 세대 부서는 어떻게 복음을 전할 수 있을까?
필자 : 부모님이 교회를 다니는 아이들만이 아니라 그렇지 않은 아이들에게 교회를 소개하고 복음을 전하는 발판이 있다면 무엇인지요? 어떻게 운영하고 있는지요?

이승훈 목사 : 아이 한 사람 한 사람이 교회공동체 안에서 따뜻한 환대를 경험하는 것이 복음 전파의 가장 중요한 시작점이라고 믿습니다. 이러한 관점 아래, 저희 공동체는 '재미와 관계, 환대'를 중심으로 한 다양한 복음의 접촉점을 마련하고 있습니다.

- **동아리 활동** : 관심사 기반의 만남을 통해 부담 없이 교회 문을 열게 합니다.
- **토요찬양집회-1박 2일 MT** : 예배와 교제를 자연스럽게 연결하여 정서적 유대감을 형성합니다.
- **또래모임-수련회-특별행사(야외예배, 체육대회 등)** : 친구를 따라오게 되는 통로가 되어, 교회에서 '관계'와 '사랑'을 경험하게 합니다.

필자 : 다음 세대에게 복음을 전하면서 가장 반응이 좋았던 콘텐츠나 메시지 주제가 있다면 무엇인지 나눠 주세요.

이승훈 목사 : 다음 세대에게 복음을 전하면서 가장 강하게 반응이 있었던 메시지는 다음과 같은 진리였습니다. "하나님께 사랑받을 가치가 없는 사람은 없다."

이 주제는 단순한 감정적 위로를 넘어, 신학적으로도 깊이 있는 진리이며, 많은 아이들의 마음을 열게 했습니다. 특히 다음과 같은 핵심 메시지들을 함께 나눴을 때, 아이들의 눈빛과 반응이 달라졌습니다. 이 메시지로 인해 아이들이 교회 안에서 "나도 소중한 존재다", "나는 하나님의 자녀다"라는 신앙 정체성을 받아들이게 만드는 통로가 되었습니다.

부모와의 접점을 어떻게 만들어가면 좋을까?

필자 : 다음 세대의 신앙 성장을 위해 부모와 연합하는 것이 중요하다고들 말합니다. 교회와 부서가 어떤 방향과 방법으로 시도하면 좋을까요?

이승훈 목사 : 자녀가 가장 많은 시간을 보내는 공간은 가정이며, 그 안에서 신앙이 일상으로 연결되지 않으면 교회에서의 교육은 단지 '좋은 경험'으로만 남을 뿐 삶의 변화로 이어지기 어렵습니다. 그래서 교회는 부모가 자녀의 신앙교사로서 건강하게 세워질 수 있도록 훈련하고, 가르치고, 자료를 제공해야 합니다. 이를 위해 반드시 필요한 것은 다음과 같습니다.

- **신앙교육 목회 로드맵의 공유**(가정과 교회가 동일한 방향을 보게 해야 한다)
- **연령별 자녀 신앙교육 발달 단계에 대한 교육**(각 시기마다 필요한 신앙적 양육이 다르다는 것을 이해하도록 교육해야 한다)
- **부모 교육과 성장의 여정 제공**(부모가 성숙한 신앙인이 될 수 있도록 함께 훈련해야 한다)

필자 : 교회와 부모가 협력하여 다음 세대의 신앙을 세우는 데 있어서 가장 효과적이었던 구체적인 사역이나 사례가 있다면 무엇인가요?

이승훈 목사 : 가장 효과적이었던 사역은 예배와 성경학교 등의 '신앙의 현장'에 부모가 직접 참여하는 구조를 만든 것입니다. 특히 기억에 남는 사례는 다음과 같습니다:

• 여름 성경학교 – 부모 세족식

성경학교 마지막 날, 부모님이 자녀의 발을 씻기며 축복의 기도를 해 주는 세족식 시간을 가졌습니다. 아이들은 예상치 못한 사랑에 눈물을 흘렸고, 부모님들도 자녀의 믿음을 붙들어주는 책임감과 감동을 체험했습니다. 이 장면은 부모와 자녀의 신앙을 함께 붙드는 거룩한 접점이 되었습니다.

• 반별 드림예배 – 부모 참여 예배

정기적으로 드리는 드림예배에 부모님을 초청하여, 자녀와 함께 예배드리고 축복기도를 나누는 시간을 마련했습니다. 부모가 아이들의 신앙을 '지켜보는 자'가 아니라 '함께 걸어가는 자'로 세우는 데 큰 역할을 했습니다. 이러한 사역들은 다음 세대의 예배가 단절되지 않고, 가정과 교회를 오가는 살아 있는 신앙의 흐름이 될 수 있도록 돕는 강력한 통로였습니다.

• 사순절 금요기도회 – 자녀 이름 동판 새기기 이벤트

사순절 금요기도회에 개근한 자녀의 이름을 성전 기도판에 새기고, 부모와 자녀가 함께 기도하는 시간을 마련했습니다.

• 부모 훈련과 돌봄

기독학부모교실, 가정예배학교, 행복한 부모교실, 부모힐링콘서트 등의 부모들이 신앙교육의 주체로 세워질 수 있도록 돕는 다양한 교육과 회복 프로그램을 운영했습니다.

- **일상 속 지속적 소통**

월별로 자료를 공유했습니다. 각 가정에 월별 가정예배, 자녀 신앙교육 가이드 등을 제공한 것입니다. 더불어 카카오톡·밴드 등의 SNS를 운영하여 부모와의 지속적인 온라인 소통의 연결을 유지했습니다.

주일학교 교사와 어떻게 동역할 것인가?

필자 : 교사들과 비전을 공유하거나 소통을 원활하게 하는 방법은 무엇인가요?

이승훈 목사 : "비전은 말이 아니라 관계 속에서 전염되고, 소통은 구조 안에서 깊어진다." 이 원리를 따라 교사들이 단순한 협력자가 아니라 '함께 세워 가는 동역자'가 되도록 다양한 소통 구조와 나눔의 장을 마련해 왔습니다.

교사들과는 월례회와 친교모임, MT 등 공식적 모임 및 비공식적 교제의 장을 통해 교사들 간의 신뢰와 유대감을 키우며, 그 안에서 자연스럽게 교육적 방향성과 비전도 공유되도록 했습니다.

교육백서와 목회설명회를 통해 한 해의 교육목회 로드맵을 공유하며, 교사들이 단순한 봉사자가 아닌 교육 공동체의 핵심 구성원으로 자리매김할 수 있도록 돕고, 임원 조직의 활성화와 위임의 구조를 통해 리더십이 교역자 중심이 아닌 공동체 중심으로 분산되며, 자율성과 주인의식이 자라날 수 있도록 코칭했습니다.

필자 : 다음 세대 사역자(간사, 교사 등)를 세우고 동기를 부여하는 데 가장 중요한 요소가 무엇이라 생각하며, 이를 위해 실제 어떤 노력을 하고 계신가요?

이승훈 목사 : 다음 세대 사역에서 교사에게 필요한 것은 공동체 안에서 함께 걷는 경험과 보람입니다. 교사가 혼자 외롭게 사역하는 것이 아니라, 서로 사랑하고 격려하며 사명을 함께 감당하는 공동체 속에 속해 있다는 확신, 이것이 교사를 지치지 않게 하고 사역에 대한 동기를 지속시켜 줍니다.

교사 공동체의 친밀함을 위해 정기적인 교사 친교모임, MT, 식사 교제, 교사심방 등을 통해 먼저 교사들이 관계의 기쁨, 사랑받는 경험을 하도록 돕고 있습니다. 교사 제자훈련을 운영하여 단순히 봉사자가 아닌, 하나님 나라의 제자로서의 정체성을 세우도록 돕습니다. 이 훈련 안에서 복음에 대한 이해와 적용, 기독교교육에 대한 관점을 함께 나눕니다. 교사 경건회를 매주 진행하며, 짝 기도를 통해 서로의 삶을 알고 중보하며 기도로 함께 걷는 동역의 기쁨을 누리게 합니다.

무엇보다 교역자와의 건강한 관계 형성도 매우 중요하다고 생각합니다. 단순 지시와 보고가 아닌, 존중과 동행의 리더십을 통해 교사들이 교역자와 함께 사명을 세워 가고 있다는 믿음을 갖도록 해야 합니다.

다음 세대 사역을 꿈꾸다

필자 : 다음 세대 사역이 너무 어렵거나 힘들어서 시작하기조차 어려워하는 사역자들에게 한 말씀을 하신다면요?

이승훈 목사 : 다음 세대 사역이 어렵게 느껴지는 것은, '자격이 안 돼서'가 아니라, '아직 잘 모르기 때문'입니다. 우리는 훈련되어야 합니다. 성장해야 합니다. 우리는 일반 병사가 아니라 장교입니다. 장교는 더 많이 훈련받고, 더 넓게 고민해야 합니다. 아이들 앞에 서는 사람이라면, 그 아이들의 영혼을 다룰 줄 아는 사람이 되어야 합니다. 그러니 책을 읽고, 강의를 듣고, 자료를 연구하고, 전문가에게 배우십시오. 자신이 섬기는 그 '현장'을 공부하고, 그 '세대'를 연구하십시오. 그리고 무엇보다 혼자 애쓰지 마십시오. 동역자들과 함께하십시오. 선배들에게 조언을 구하십시오. 여러분을 사랑하시고 이끄시는 하나님을 신뢰하십시오. 하나님께서 반드시 다음 세대를 위한 귀한 통로로 여러분을 세우실 것입니다.

분명한 열매, 그 아래에서 펼쳐지는 몸부림

지금까지 다음 세대 사역에 있어서 모범적으로 성장하고 있는 두 교회의 모델을 살펴보았다. 2026년 아니, 언제나 이 교회의 목회자들이 걸었던 길과 전하는 말에 귀를 기울여야 하는 것은 분명한 열매가 있기 때문이다. 나무에 맺히는 열매는 보이지 않는 깊은 땅에서 엄청나게 몸부림을 쳤다는 증거다. 뿌리를 땅 속 깊이 내리기 위해서, 바람에도 뽑히지 않기 위해서, 지속적으로 영양분을 빨아들여 나무로 각 지체로 전달하기 위해서 나무는 최선을 다했을 것이다.

이 두 교회와 목회자의 고백은 공통적으로 본질을 말하고 있으며, 그 본질을 위해 피맛 나는 대가를 치르고 있었다. 마치 나무가 보이지 않는 곳에서 몸부림을 치는 것처럼 말이다.

어렵다고 말하는 다음 세대 현장에서 피어나는 꽃과 그 열매는 너무나 향기롭고 달콤하다. 이제까지의 노력의 수고가 생각나지 않을 만큼 말이다. 독자들 각자의 자리에서도 본질을 붙들고 대가를 치를 때 위 두 교회와 목회자의 고백은 바로 우리의 현장에 주시는 하나님의 스토리임을 경험하게 될 것이다.

CHAPTER 9

콜드 타임 때 필요한 학원 복음화 인큐베이팅 운동

핵심키워드
:
선교적 교회학교 생태계 구축

선교적 교회학교 생태계 구축

학원 복음화 인큐베이팅 운동

- '교회 ↔ 학교 ↔ 가정'을 잇는
선교적 교회학교 생태계 구축 운동 -

고신대 외래교수 황인철 교수는 '한국 교회 성장과 부흥-1960년대 이후를 중심으로' 특별기고에서 이렇게 말했다.

"한국 교회는 지난 120여 년의 개신교 역사에서 세계 어느 나라에서도 경험하지 못한 놀라운 성장과 부흥을 경험했다. 특히 1960년대부터 1980년대까지 1년에 무려 60만 명이 넘는 불신자들을 전도하였으며, 10년 사이에 200%가 넘는 성장을 경험했었다.

그러나 1990년대를 지나 2000년이 넘어서서는 개신교 인구가 감소하는 현상을 보이고 있는 실정이며, 이제는 쇠퇴의 길로 달리고 있는 추세다."[01]

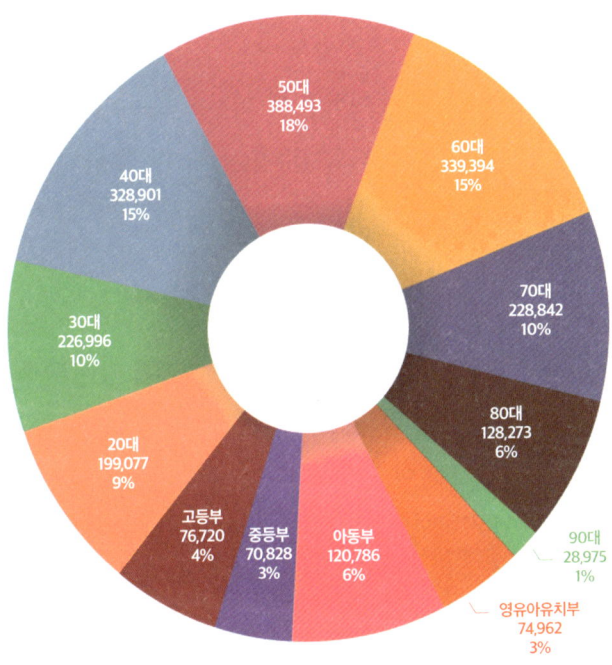

팬데믹 이후 쇠퇴를 넘어 교회학교 생태계가 붕괴하고 있는 추세다.

예장 통합총회 2023 교세 통계 현황[02]을 보면 전체 교인수 2,207,982명

---

01 기독신문. 2012. 2. 6. 한국 교회 성장과 부흥 - 1960년대 이후를 중심으로. 황인철 목사(남부산교회. 고신대 외래교수)
02 대한예수교장로회총회(통합) 2023 교세현황

중 영유아 유치부 74,962명으로 3%, 중등부 70,828명으로 3%라는 충격적인 통계를 볼 수 있다. 그러나 이는 재적 인원 기준이며, 실제 출석 인원 기준일 때는 2%대 혹은 1% 후반일 수도 있을 것이다.

선교학에서 복음화율 3% 이하일 때 미전도 종족이라고 표한다. 이 말을 풀어서 이야기하면 그 나라에는 복음이 들어가지 않았다는 말이다.

한국 교회가 인식의 오류에 빠질 수 있는 부분이 있다. 성인은 20세부터 100세까지 신앙생활을 이어간다. 그래서 감소폭이 굉장히 더디며, 이는 교회공동체로 하여금 착시 현상을 일으킬 수 있다. "한국 교회 교세는 아직 괜찮아", "이렇게 많은 성도들이 예배에 참여하고 있어"라고 말하지만 교회학교는 1년 단위로 졸업과 입학을 반복하는 생태계다. 출산률 0.6명대로 진입한 작금의 대한민국의 현실 앞에 한국 교회가 더 이상 결혼과 출산으로 교회학교가 유지될 수 없다는 사실을 인식해야 할 것이다. 절대 성인을 기준으로 다음 세대를 생각해서는 안 된다.

한국 교회 다음 세대 생태계는 이미 선교지가 되었다. 우리는 그동안 목양중심, 교회중심으로 교회학교를 운영해 왔다. 그러나 이제는 교회 안에만 머물러서는 붕괴하고 있는 교회학교 생태계를 결코 다시 회복시킬 수 없을 것이다. 불확실성 시대, 새로운 방법을 찾아야 하고 시도해야 할 것이다. 너무나 급박하고 시급한 상황이다. 시간은 결코 우리를 기다리지 않을 것이다.

그렇다면 한국 교회는 이러한 상황 가운데 어떤 대안과 전략이 있는가?

여러 가지 대안 중 학원 복음화 인큐베이팅을 대안으로 제시하려고 한다.

1. 학원 복음화 인큐베이팅이란?

학원 복음화 인큐베이팅(incubating)은, "지역 교회와 함께 예배가 없는 학교에 예배를 세워 모든 입으로 하여금 예수 그리스도를 주라 고백하여 하나님 아버지께 영광을 돌린다"를 존재 목적(Mission Statement)으로 하며 6가지 핵심 가치(Core Value)를 두고 있는데, 이는 하나님 나라, 예수 그리스도의 몸 된 교회, 한 영혼, 예배, 연합의 도구, 성경 읽기&기도 운동이다. 하나씩 살펴보자.

하나님 나라

교회는 하나님 나라의 권세와 영광으로 충만한 공동체다. 교회는 건물이 아니라 예수 그리스도를 구주로 영접한 모든 '사람'이다. 학원 복음화 인큐베이팅은 예배가 없는 학교에 예배를 세워 하나님 나라가 임하는 현장을 경험하는 운동이다. 하나님 나라는 교회 안에만 임하는 것이 아니라 온 우주에 충만하다.

예수 그리스도의 몸 된 교회
나의 신앙고백은 "주는 그리스도시며 살아 계신 하나님의 아들이십니다"이다. 예수 그리스도의 핏값으로 산 교회는 이 땅에서 예수 그리도의 삶을 실현해내는 공동체이다. 학원 복음화 인큐베이팅은 주님의 몸인 교회를 사랑하고, 그분의 지상명령을 실현하기 위해 존재한다.

한 영혼
내가 목회와 사역을 하는 목적(부르심)은 한 영혼에게 예수 그리스도를 전하기 위함이다. 학원 복음화 인큐베이팅 운동 역시 하나님을 믿지 않는 청소년 한 영혼에게 예수 그리스도를 전하기 위해 존재한다.

예배
한 영혼을 구원하며 하나님 나라와 주님의 몸인 교회를 나타내는 최고의 방법 중 하나는 예배다. 청소년들에게 복음을 전해 죄 문제를 해결받고 구원받도록 돕는 최고의 방법도 다름 아닌 예배다. 학원 복음화 인큐베이팅 사역이 예배를 중심에 두고 있는 이유다.

연합의 도구

학원 복음화 인큐베이팅은 지역 교회와 함께 지역 학교에 예배를 세우고 있다. 또한 교회와 가정, 학교 등 마을을 구성하는 공동체가 함께 하나님 나라를 세워 가는 운동이다. 자녀 세대를 통해 예수 그리스도로 하나 되는 아름다운 만남이 이뤄지는 곳이 학원 복음화 인큐베이팅 플랫폼이다.

성경 읽기 & 기도 운동

다음 세대 인구가 감소하는 것도 문제지만, 다음 세대가 '하나님을 모르는' 세대가 되고 있는 현실도 큰 문제다. 왜 이런 일이 벌어지는 걸까 고민했다. 여러 이유가 있겠지만, 나는 청소년의 삶에서 매일 성경을 읽고 기도하는 경건의 습관이 사라졌기 때문이라고 생각한다.

하나님은 성경을 통해 알 수 있다. 그런데 성경을 읽고 가까이하지 않으니 하나님을 이해하고 경험할 수 있는 기회가 희소해지고 있다. 기도해야 응답을 받고 성령의 역사도 경험하는데, 기도하지 않으니 성령의 역사를 체험하기 어려워졌다. 학원 복음화 인큐베이팅은 학교 모임을 통해 학생들이 날마다 성경을 읽고 기도하도록 신앙 운동을 펼치고 있다.

대한민국 초·중·고.대학교에는 동아리 제도가 있다. 이 제도는 법적으로 허용된 합법적인 제도이다. 많은 교단과 지역 교회들이 이 방법을 몰라서 활용을 못하고 있다는 점에서 안타까운 상황이다.

학원 복음화 인큐베이팅은 2009년부터 중·고등학교에 기독교 동아리를 개척하여 운영하고 있다. 아래와 같은 방법으로 지역 교회에 지속적으로 인큐베이팅하고 있다.

2. 학원 복음화 인큐베이팅을 지역 교회에 접목하는 과정

① 교회 리더(담임 목사, 장로, 권사 등)가 참여하는 예배 시간을 통해 학원 복음화 비전과 전략을 공유하여 학원 복음화에 대한 공감대를 형성한다.

● 지역 교회에 학원 복음화 사역이 접목되기 위해 가장 중요한 포인트는 전 교인 대상 비전과 전략을 공유하는 것이다. 왜냐하면 학교사역은 교회 안에서 진행되는 사역이 아닌 교회 밖 학교라는 공간에서 진행되기 때문이다. 교회의 에너지, 즉 사역자, 간식, 중보기도, 기타 등 교회의 에너지가 밖으로 흘러나가는 사역이기 때문에 반드시 당회와 담임 목사님의 허락이 필요하다. 교회의 의사 결정 구조를 이해한다면 이 포인트가 왜 중요한지 알 것이다. 이러한 과정이 있을 때 교회에 학원 복음화 사역이 온전히 접목될 수 있다.

그리고 청소년부 사역자들이 실제 학교 현장에 갈 수 있게 된다. 부교역자는 담임 목사님의 허락이 없이는 외부 사역을 할 수 없다는 점을 우리는 꼭 기억해야 할 것이다. 그래서 전교인 대상 학원 복음화 비전과 전략을 공유하는 것이 가장 중요하다.

② 공감대 형성 후 교회에 출석하고 있는 학교 교사들을 조사하여 커뮤니티를 조직한다(동아리 창설 및 학교 행정 관련 도움을 위해).

● 과거에도 기독교 동아리, 기도 모임, 합창부, CCM밴드 등 다양한 모임들이 있었다. 하지만 어느 순간 사라지기 시작했다. 시대적이 흐름도 있겠지만 가장 근본적인 이유는 교회와 기독 교사 그리고 학생과의 소통 구조가 없었기 때문이다. 학교사역 지속성의 핵심 키는 '교사'다. 기독 교사가 학교에 존재하기 때문에 지금도 여러 다양한 모양의 학원 복음화 사역이 가능한 것이다. 우리는 이 사실을 절대 간과해서는 안 될 것이다.

학원 복음화 인큐베이팅은 기독 교사의 중요성을 알았기 때문에 한국교육자선교회, 좋은교사운동, 한국기독교학교연합회 등 기독 교사, 학원장님 네트워크와 MOU를 체결하여 지속적인 협력과 소통을 이어가고 있다. 그 결과 16년 동안 학교 사역을 지속하고 있다.

③ 각 학교별 학부모 기도회를 조직하여 기독교 동아리 담당 교사와 여러 고충과 민원에 대해 함께 중보하는 사역을 감당한다.

● 많은 교회들이 오해하고 있는 부분이 있다. "이제 학교에서 기독교 동아리 활동 불가능하잖아요." 그렇지 않다. 법적으로도 가능하며, 지금도 진행되고 있다. 그렇다면 왜 많은 교회들이 학교에서 기독교 동아리 활동이 안 된다고 알고 있을까?

학교에서 기독교 동아리&기도 모임을 개척하려고 했으나 거절과 실패를 경험했기 때문이다. 이는 학교의 문화와 상황에 대한 정보 부재가 가장 큰 요인 중 하나일 것이다.

여전히 학교에서 기독교 동아리&기도 모임이 가능하지만 학교에서 거절하는 가장 큰 이유 중 한 가지를 꼽으라면 단연코 민원일 것이다.

학교는 학부모들의 민원이 우리가 생각하는 것보다 더 많이 발생하는 현장이다. 기독교 활동을 타겟 삼아 민원이 발생할 경우 학교가 그 민원을 처리해야 하기 때문에 사전에 그것을 막기 위해 굉장히 신중하게 반응하는 것이다.

그렇다면 민원을 어떻게 해결할 것인가? 교회는 대안을 제시할 수 있어야 한다.

바로 '학부모 기도회'다. 각 학교별로 학부모 기도회를 조직하여, 기도를 시작한다. 기도 가운데 역사하시는 성령님께서 학교와 교사를 품고 기도하게 하시며, 이를 통해 민원 넣지 않기 운동을 펼쳐 간다. 이 운동이 기독 교사들에게 엄청난 힘과 방패가 된다. 자녀들의 어머니들에게 "이 모임은 우리 아이가 하는 모임이에요. 안심하세요." 이 한마디가 민원을 방지할 수 있고, 기독 교사들이 기독교 동아리 운영과 학생들의 활동을 도울 수 있는 엄청난 힘이 될 수 있다. 이미 MIP(기도하는 엄마들), 마마클럽 같은 어머니 기도회가 있지만 실제 학교와 연결이 된다면 정말 효과적인 학교사역을 이어갈 수 있을 것이다.

학원 복음화 인큐베이팅은 200여 명의 학부모님들과 각 학교별 학부모 기도회, 기독 교사, 기독교 동아리, '웨이크업(wake up)' 학교연합집회 등을 위해 함께 기도하고 있다. 학부모님들은 학원 복음화 사역의 가장 든든한 영적 후원 그룹이다.

④ 교회 청소년부 친구들에게 인근 학교 예배 동아리 사례를 공유하여 그들의 마음을 도전한다.

● 한국 교회 목사님 하면 떠오르는 분들이 있다. 한경직 목사님, 옥한흠 목사님, 하용조 목사님, 조용기 목사님, 김상복 목사님 등 목회자들이 존경하고 닮고 싶어 하는 롤 모델인 목사님들이다. 다

음 세대 아이들에게 "한국 교회 목사님 하면 떠오르는 분 말해 줄 수 있어?"라고 물으면 담당 사역자의 이름도 잘 모르는 친구들도 있다. 어느 순간부터 롤 모델이 보이지 않는다. 정치, 경제, 사회, 교회 등 모든 분야에서 공통적으로 나타나는 현상 같다.

청소년들은 또래 청소년들의 모습을 보며 많은 영향을 받는다. 학교에서 기독교 동아리&기도 모임을 하고 있는 또래 청소년들의 모습을 보고 자신도 학교에서 기독교 동아리&기도 모임을 하는 사례가 꾸준히 증가하고 있다. 최고의 교육은 직접 보여 주는 것 같다.

⑤ 기독교 동아리를 통해 예배에 대한 거부감이 사라진 친구들이 교회를 경험할 수 있는 장으로써 '웨이크업' 학교연합집회를 도시마다 세운다.

● 선교적 교회학교 생태계를 실현하는 장소가 학교라면 '웨이크업' 학교연합집회는 학교에서 교회에 다니지 않는 청소년들이 기독교 동아리라는 곳에 처음 참석하고 복음을 들은 학생들이 교회를 경험하고 정착할 수 있도록 돕는 영적 스토어다.

많은 아이들이 교회를 가 본 적이 없다. 하나님도 모르고, 성경도 모른다. 이런 아이들이 스스로 교회를 찾아 방문하는 것은 결코 쉬운 일이 아니다. 학생들을 교회에 초대하면 다양한 반응이 있다. "교회를 아무나 갈 수 있는 곳인지 몰랐어요", "저는 불교인데 교회에 가도 되나요?", "교회는 돈을 내야지만 갈 수 있는 곳 아니에요?", "엄마가 교회 가면 병 걸린다고 했어요" 등 교회에 다니지 않는 사람들에게 교회가 어떤 이미지로 비춰지는지 현실을 알 수 있었다.

'웨이크업' 학교연합집회는 기독교 동아리&기도 모임에 참여하는 청소년들 누구나 함께할 수 있는 자리다. 이를 통해 교회라는 공간을 경험하고, 성도들의 환대를 경험하고, 청소년부 사역자들을 만나는 시간들을 통해 자연스럽게 교회에 정착할 수 있도록 돕고 있다.

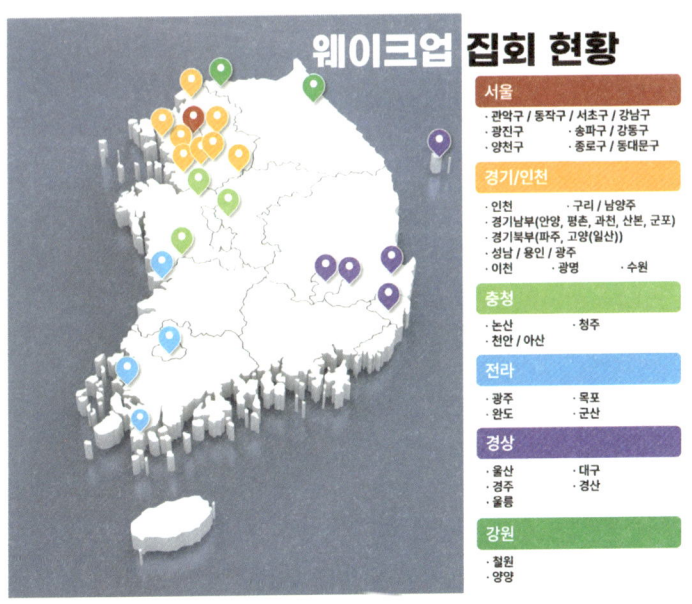

⑥ 연합 모임을 통해 교회를 경험하고 정착할 수 있도록 도우며, 동시에 기독교 동아리가 세워지지 않은 학교에 예배를 세울 수 있도록 도전한다(교회 ↔ 가정 ↔ 학교의 선순환 구조, 선교적 교회학교 생태계 구조를 세운다).

● 이러한 과정들을 통해 지역 교회와 함께 지역 학교에 예배를 세워 지속 가능한 선교적 교회학교 생태계를 구축해 나가는 것이 학원 복음화 인큐베이팅 운동이다.

3. 기독교 동아리&기도 모임 매뉴얼

지역 교회가 학교에 기독교 동아리&기도 모임을 개척하여 운영을 해야 할 때 고려해야 할 상황들을 정리했다.

① 기독 교사 찾기
기독 교사는 기독교 동아리&기도 모임 개척에 가장 중요한 역할을 담당하고 있다.

- 학교의 행정적인 절차, 학교 출입 등 기독 교사의 도움이 반드시 필요하다.
- 학교 행정을 알고 있는 분이라면 자발적 기도 모임이 행정적으로 불허된 모임이라는 사실을 알고 있을 것이다. 그러나 동아리

는 합법적이고 자발적인 모임이다. 동아리 개설 첫 번째 조건이 자발성이다. 종이 한 장 차이지만 학교 안에서는 엄청난 차이가 있다.

② 모임의 성격은 대상자에 따라 달라진다.
- 교회에 다니는 청소년들 중심으로 모임을 진행하는 방법
- 교회에 다니지 않는 청소년들도 함께 모임을 진행하는 방법

③ 교회에 다니는 청소년들 중심의 모임
- 기도나눔, 큐티, 통독, 기타 등 어떤 형식으로 진행해도 무리가 없음
- 단점으로는 교회에 다니지 않는 청소년들이 참여하기에는 수준이 너무 높음

④ 교회에 다니지 않는 청소년들도 함께 하는 모임
- 찬양 3곡을 선정하여 1학기 혹은 1년 동안 반복하여 부른다.
- 설교는 4~5분 원포인트로 진행한다(기독교 용어를 모르기 때문에 알아들을 수 있는 단어를 사용하는 것이 포인트다).
- 기도를 할 줄 모르기 때문에 한 문장씩 읽고 "아멘" 할 수 있도록 종이나 ppt화면을 보고 기도할 수 있도록 가이드해 준다.
- 외국인에게 한글을 가르친다고 생각하고 쉽게 이해할 수 있도록 가르쳐 주는 것이 중요하다.

⑤ 학생은 사역자가 아니다. 지속적인 교육과 목양이 중요하다.
- 리더십은 저절로 나타나지 않는다. 지속적인 교육과 실행을 통해 성장하기 때문에 학생리더들이 모임을 이끌어갈 수 있도록 가이드를 해 줘야 한다.
- 교회 현장과 같이 관계의 문제, 리더십의 문제, 모임 진행의 어려움 등 예상치 못한 다양한 사건들이 일어난다. 학생 리더들이 혼자 짐을 짊어지지 않도록 중보 기도와 관심, 소통이 중요하다.

⑥ 학생들은 1년마다 입학과 졸업을 반복한다는 사실을 기억하라.
- 학생들은 1년마다 입학과 졸업을 반복하기 때문에 2학기 때 새로운 학생 리더들을 선정하여 모임을 이끌어 갈 수 있도록 다양한 기회를 부여해야 한다.
- 이외로 많은 기도모임의 수명이 2년에서 3년이다. 그 이유는 자발적 모임이라는 것을 너무 강조한 나머지 교회, 학교, 가정과 소통이 단절되어 그다음 리더십을 준비하지 못했기 때문이다.

4. 학원 복음화 인큐베이팅을 접목한 교회 사례

지역 교회와 함께 지역 학교에 예배를 세우는 학원 복음화 인큐베이팅 운동을 접목한 지역 교회들을 통해 지역 학교마다 예배가 세워지고 있다.

분당우리교회

오륜교회 장지교회

양평동교회

CHAPTER 9_ 콜드 타임 때 필요한 학원 복음화 인큐베이팅 운동

진주꿈꾸는교회

완도샘솟는교회

논산중앙교회

학원 복음화 인큐베이팅은 수많은 시행착오를 통해 지역 교회를 중심으로 강원도 철원에서부터 완도에 있는 전국 각지 500여 곳의 중·고등학교에 기독교 동아리&기도 모임을 개척하게 되었다.

5. 학원 복음화 인큐베이팅 사역자 양성과정

학원 복음화 인큐베이팅은 지역 교회가 지역 학교에 예배를 세울 수 있도록 돕기 위해 학원 복음화 사역자 양성과정을 정기적으로 진행하고 있다.

사역자 양성과정은 학원 복음화 인큐베이팅을 접목하여 실제 중·고등학교에 모임 개척, 운영 사례 등 열매가 나온 교회 청소년부 사역자들이 강사로 세워진다. 이론이 아닌 실제 현장에서 겪은 시행착오를 통해 이제 학교사역을 시작하려고 하는 교회들에게 많은 도전과 도움이 되고 있다.

또한 학교 현장에 근무하며 기독교 동아리 담당 교사로 섬기고 있는 중·고등학교 교사들의 강의, 미션스쿨 교목, 선교부 담당 교사, 학부모기도회 회장 어머니 등 '교회 ↔ 학교 ↔ 가정'을 잇는 선교적 교회학교 생태계를 구현한 각 영역의 현장 사역자, 교사, 학부모 등을 통해 생생한 현장 이야기와 노하우 그리고 학교 탐방을 통해 지역 교회가 학교 사역을 해 나갈 수 있도록 교육하고 있다.

신학교 강의를 통해 학원 복음화 전문가를 양성하고 있다.

하나님의 은혜로 서울성경신학대학원, 성결대학교, 아신대, 백석대신대원, 장로회신학대학원(동아리) 등 신학생을 대상으로 학원 복음화 전문 사역자를 양성하고 있다.

3학점 강의로 강의 + 현장 실습으로 진행되고 있다.

신학생들은 중·고등학교 현장으로 찾아가 교회에 다니지 않는 청소년들을 대상으로 예배, 설교, 찬양, 기도, 소그룹 등 다양한 실습을 경험하고 있다. 신학생들은 교회에 다니지 않는 청소년들이 기독교 동아리, 기도 모임에 나온다는 사실에 충격을 받는다. "교회에 다니지 않는 청소년들이 이렇게 적극적으로 찬양을 부르는 모습에 충격을 받았습니다"라는 피드백을 가장 많이 한다.

우리는 교회에 다니지 않는 청소년들이 기독교에 대해 관심도 없고 당연히 모임에도 참여하지 않을 것이라고 생각하지만 실제 학교 현장에서는 교회에 다니지 않는 청소년들이 기독교를 신기해하며, 궁금해하고 있다.

교회에 다니지 않는 청소년들을 대상으로 하는 사역은 생각처럼 쉽지 않다. 왜냐하면 기독교에 대해 아무것도 모르는 청소년들에게 찬양, 말씀, 기도를 가르쳐야 하기 때문에 많은 시행착오를 겪을 수밖에 없다. 그러나 여러 번의 실습을 통해 어느 순간 신학생들은 교회에 다니지 않는 청소년들과도 친숙하게 소통하며 그들을 리드하는 모습을 보게 된다. 담당 교수로서 학생들의 발전하는 모습을 보는 그 순간이 정말 짜릿한 것 같다.

> "예수께서 모든 도시와 마을에 두루 다니사 그들의 회당에서 가르치시며 천국 복음을 전파하시며 모든 병과 모든 약한 것을 고치시니라"(마 9:35).

> "무리를 보시고 불쌍히 여기시니 이는 그들이 목자 없는 양과 같이 고생하며 기진함이라"(마 9:36).

> "이에 제자들에게 이르시되 추수할 것은 많되 일꾼이 적으니"(마 9:37).

> "그러므로 추수하는 주인에게 청하여 추수할 일꾼들을 보내 주소서 하라 하시니라"(마 9:38).

예수님께서 두루 다니시며 복음을 전하실 때 하셨던 말씀이 지금 학교 현장을 말하는 것 같다. 학교에는 학생들이 넘쳐 난다. 그러나 교회들은 교회 안에서 다음 세대가 없다고 소리친다. 다음 세대가 넘쳐 나는 학교에 찾아와 복음을 전할 교회가 절실하다. 기억하자. 다음 세대는 많다. 다음 세대에게 찾아가 복음을 전하는 교회의 모습이 희귀할 뿐이다.

학교 사역을 하고 싶지만 방법을 몰라서 고민하고 있는 교회를 돕기 위해 학원 복음화 인큐베이팅은 오늘도 교회를 찾아가고 있다. 학교에 기독교 동아리&기도 모임을 통해 예배를 세우고 복음을 전할 수 있다는 사실을 몰라서 학교사역을 못하고 있는 교회들이 너무 많다. 이 정보가 교단을 넘어 한국 교회에 공유될 수 있도록 담임 목사님, 당회, 교단, 노회, 시찰회 등 이 정보가 공유될 수 있도록 이 책을 읽는 분들이 네트워킹해 주시길 간절히 부탁드린다.

에필로그

누가 '콜드 타임(Cold Time)'을
'골드 타임(Gold Time)'으로 다시 바꿀 것인가?

다음 세대는 미래가 아니라, 지금 이 순간 교회의 일부이다.

다음 세대는 '미래의 주인공'이기에 지금 더 축복할 수 있을 때, 축복해야 한다. 때로 "너무 과한 거 아냐?"라는 말이 들릴지라도 그렇게 해야 하지 않을까? 왜냐하면 앞으로 5년, 10년, 15년 뒤에는 다음 세대가 교회 안에서 희귀족이 될 수 있다.

정통 교회는 다음 세대를 붙잡으려 하지만, 실상은 놓치고 있다. 반면 이단과 사이비는 다음 세대를 향해 전력을 다한다. 정작 정통 교회는 그만한 각오와 투자가 미흡하다. 교회학교에 남아 있는 아이들조차 대부분은 중직자의 자녀들이다. 교회에 다음 세대 자리는 비어 가고 있다. 반면 다음 세대는 놀이동산, 키즈카페, 맛집에서 수없이 볼 수 있다.

어떻게 이들의 발걸음을 교회로 돌릴 수 있을까?

문제는 숫자가 아니다. 다음 세대가 교회에서 "하나님을 만난 기억이 없다"고 말한다는 것이다. 그것이 진짜 위기이다. 말씀을 정성껏 준비하지 않고 책임 없이 메시지를 전한다면, 교회는 더욱 심각한 영적 기근 속에 놓이게 된다.

조국 교회는 왜 다음 세대에게 신앙의 아름다움을 보여 주지 못했는가?

부흥을 외치고 세계선교를 선언했지만, 정작 다음 세대를 위해 피흘리며 헌신하지는 않았다. 다음 세대가 교회를 떠올릴 때 눈물이 나야 한다. "우리 교회는 나를 축복하고, 사랑해줬다"고 말할 수 있어야 한다. 그런 교회는 아직 소망이 있다.

교회는 단순한 '지원'을 넘어서, '헌신'해야 한다. '다음 세대'가 '다른 세대'가 되지 않도록 하기 위해, 먼저 주님의 사랑을 체험하게 해야 한다. 교회가 건물을 짓기 위해 빚을 진 적은 있어도, 다음 세대를 위해 과감히 빚을 내어 본 적은 드물다. 그러나 문제는 단지 재정이 아니다.

강단은 다음 세대의 언어로 다시 태어나야 한다. 소그룹은 말씀이 살아 움직이는 공간이 되어야 한다. 주중 심방은 문자와 전화로 끝나지 말고, 직접 만나 영혼을 돌보는 시간이 되어야 한다. 만남이 없으면 변화도 없다.

여기서 반드시 답해야 할 질문이 있다.

"우리 교회는 여전히 다음 세대를 사랑하고 있는가?"

사랑한다면, 주일만이 아니라 주중에도 그들을 돌봐야 한다. 중독과 우울, 상처 속에 빠진 아이들이 있다면, 그 깊은 곳까지 내려가야 한다.

이제는 내적 회복을 위해 불타는 가슴을 가진 이들이 필요하다. 그런 사람이 '콜드 타임'을 '골드 타임'으로 바꿔 갈 수 있을 것이다. 탁구에서 공이 떨어지는 순간 드라이브를 걸듯, 지금은 다음 세대를 향해 강한 스핀을 거는 영적 결단이 필요한 시점이다. 그 드라이브는 목회자와 교사, 섬김이의 손끝에서 시작된다.

다시 시작해야 한다. 나부터 다음 세대를 향한 하나님의 사랑을 회복해야 한다. 그 사랑으로 교회를 다시 일으켜야 한다.

"눈물을 흘리며 씨를 뿌리는 자는 기쁨으로 거두리로다"(시 126: 5).